融合型·新形态教材
复旦学前云平台 fudanxueqian.com

普通高等学校
早期教育专业
系列教材

婴幼儿
早期教育活动
设计与指导

王丽娜 编著

复旦大學 出版社

融合型·新形态教材
复旦学前云平台 fudanxueqian.com

内容提要

本书紧扣课程思政要求，立足"岗课赛证"综合育人模式，着力培养学生的思想品德、实践能力和创新意识，树立正确的儿童观、人生观，倡导积极向上、团结协作、诚实正直的品格养成。

本书针对2-3岁婴幼儿个体发展特点，以理论和案例分析相结合的方式阐述2-3岁婴幼儿早期教育亲子活动的设计与指导，帮助早期教育指导教师和家长直观而深入地开展亲子活动，进行循序渐进的指导，提高指导效率，优化教育行为，形成科学的育儿观，促进婴幼儿健康成长。全书精选了12个主题24个亲子活动共144个亲子活动环节设计。案例包括主题说明、活动目标（婴幼儿发展目标和家长指导目标）、活动准备、活动时间、活动过程、亲子指导、家庭活动延伸、家园合作（信息推送）和活动随笔。案例完整详实、丰富生动、基于实践、利于操作。本书图文并茂，并配有活动音乐音频以及亲子活动各环节教师示范视频，可扫码学习，直观形象、实用性强。教学课件、音频、视频等教学资源可登录复旦学前云平台免费下载（www.fudanxueqian.com）。

复旦学前云平台
使用说明

为提高教学服务水平，促进课程立体化建设，复旦大学出版社学前教育分社建设了"复旦学前云平台"，以为师生提供丰富的课程配套资源，可通过"电脑端"和"手机端"查看、获取。

【电脑端】

电脑端资源包括 PPT 课件、电子教案、习题答案、课程大纲、音频、视频等内容。可登录"复旦学前云平台"www.fudanxueqian.com 浏览、下载。

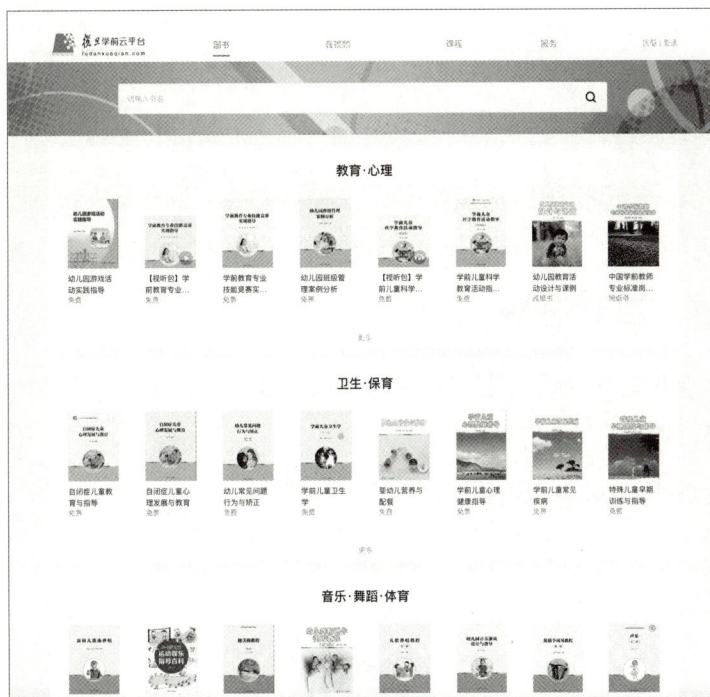

Step 1 登录网站"复旦学前云平台"www.fudanxueqian.com，点击右上角"登录 / 注册"，使用手机号注册。

Step 2 在"搜索"栏输入相关书名，找到该书，点击进入。

Step 3 点击【配套资源】中的"下载"（首次使用需输入教师信息），即可下载。音频、视频内容可通过搜索该书【视听包】在线浏览。

📱【手机端】

PPT 课件、音视频、阅读材料：用微信扫描书中二维码即可浏览。

扫码浏览 ➡️

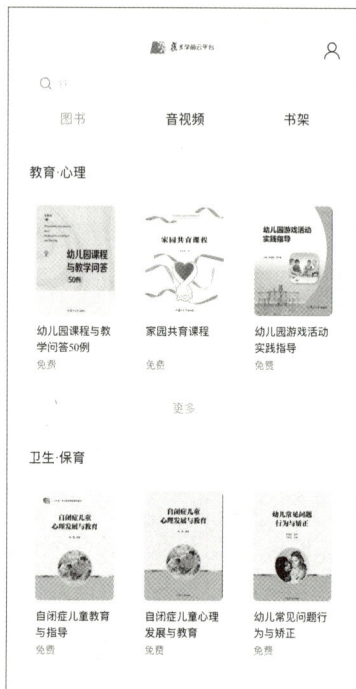

📖【更多相关资源】

更多资源，如专家文章、活动设计案例、绘本阅读、环境创设、图书信息等，可关注"幼师宝"微信公众号，搜索、查阅。

平台技术支持热线：029-68518879。

"幼师宝"微信公众号

前　言

联合国儿童基金会 2000 年底发表的报告中指出："婴儿出生以后的 36 个月是成长的关键期。"由此可见,0—3 岁婴幼儿的早期教育工作非常重要。2001 年 5 月国务院发布的《中国儿童发展纲要(2001—2010 年)》正式提出了发展 0—3 岁早期教育的目标;2001 年 7 月教育部颁发的《幼儿园教育指导纲要(试行)》明确将 3—6 岁学前教育延伸到 3 岁前婴幼儿的早期教育;2010 年 7 月,国务院颁布的《国家中长期教育改革和发展规划纲要(2010—2020 年)》明确指出"应重视 0—3 岁婴幼儿教育"等系列纲领性文件的出台,把我国早期教育发展推向了一个新的阶段。

本教材全面落实课程思政,充分挖掘包含思政元素的优秀活动设计资源,将爱岗敬业、教书育人、为人师表等思政案例融入教材内容,达到润物无声的育人效果。

党的二十大报告在回顾总结新时代十年的伟大变革时提到"幼有所育",并就今后民生事业发展明确提出"优化人口发展战略,建立生育支持政策体系,降低生育、养育、教育成本",旨在让所有 0—6 岁的适龄儿童得到更好的养育、教育。我国目前对 3—6 岁的学前教育研究较为充分,对 3 岁前婴幼儿早期教育的研究则尚属起步阶段。随着国家三孩生育政策的推出,面向 3 岁前婴幼儿早期教育活动开展的高质量的早期教育机构、高质量的早期教育专业人才、高质量的早期教育活动指导教材的需求日益增多。鉴于此,我们进行了针对 2—3 岁亲子活动游戏的《婴幼儿早期教育活动设计与指导》一书的编写工作,通过专业引领,结合婴幼儿身心发展特点、家长对亲子教育活动的需求、早期教育指导教师的实际需要,力争呈现的亲子活动设计案例完整翔实、丰富生动、基于实践、利于操作。书中对 2—3 岁婴幼儿早期教育亲子活动的设计与指导做了全面的论述,有利于帮助早期教育指导教师和家长直观而深入地开展亲子活动,针对婴幼儿个体发展特点进行循序渐进的指导,提高指导效率,优化教育行为,形成科学的育儿观,促进婴幼儿健康成长。

全书共包括 6 个章节。第一章早期教育亲子活动概述,介绍了早期教育活动的相关概念、早期教育亲子活动设计的基本要求、早期教育亲子活动设计中的家长指导和同课异构。第二章早期教育教师职业素养,介绍了早教教师基本素养及要求、早教教师组织亲子活动专业规范及要求(本章节早教教师站姿、坐姿、行姿、立姿均配有教师示范图片)。第三章早期教育亲子活动的组织与实施,介绍了走线活动、问好活动、语言活动、认知活动、艺术活动(音乐活动、美术活动)、动作发展活动(粗大动作活动、精细动作活动)和再见活动(本章节配有各环节教师示范视频)。第四章 25—30 个月亲子活动设计。第五章 31—36 个月亲子活动设计。在第四、第五章中遴选了 12 个主题 24 个亲子活动共 144 个亲子活动环节设计,包括主题说明、活动目标、活动准备、活动时间、活动过程、亲子指导、家庭活动延伸、家园合作(信息推送)和活动随笔(本章节配有活动准备图片、活动音乐音频)。第六章全国职业院校技能竞赛·早期教育亲子活动设计,介绍了早期教育专业保教技能竞赛·亲子活动设计简介和全国职业院校技能竞赛·赛卷亲子活动设计。

本书有以下三方面特点。首先,基于实践,具有较强的实用性。为了便于早教教师和家长使用,我们将 2—3 岁亲子活动设计按照 25—30 个月、31—36 个月两个篇章进行了分类梳理,每一个亲子活动设计均由主题说明、各环节活动设计方案、家园合作(信息推送)和活动随笔四个版块构成。其中,各环节活动设计方案均包括活动名称、活动目标(婴幼儿发展目标和家长指导目标)、活动准备、活动时间、活动过程、亲子指导、家庭活动延伸七个部分；每一篇活动随笔均为早教教师在组织亲子活动后所思所感，以活动中实际问题为导向开展教学研讨并再次实践的真实记录。其次，图文并茂，具有较强的可操作性。书中配有早教教师组织亲子活动站姿、坐姿、行姿、立姿示范图片，活动准备图片，活动音乐音频，亲子活动各环节早教教师示范视频，其中音频、视频可扫码收听、观看。书中以国赛"亲子活动设计"赛项赛卷为例，为竞赛类亲子活动设计提供范例、思路及备赛、参赛注意事项。再次，适用面广，推广性较强。既可作早期教育专业或学前教育专业早教方向师资培养的课程材料，也可作为2—3岁早教机构、早教教师参考用书和2—3岁婴幼儿家长科学育儿指导用书。

最后要强调的是，亲子活动设计没有固定的模式或标准，本书呈现的早期教育亲子活动设计（2—3岁）是作者基于多年早期教育实践，设计、实施、整理及改编而成。期待本书能抛砖引玉，给早期教育亲子活动设计带来更多的案例与经验分享。

感谢徐州幼儿师范高等专科学校蔡飞校长及学前与特殊教育学院王清风院长、李秀敏院长、朱珠老师，江苏师范大学教育科学学院张新立教授、李梅教授，在百忙之中以严谨的专业态度拨冗审稿，基于长期从事早期教育专业的经验与目前培养学前教育专业早期教育方向师资需求，提出大量宝贵的意见和建议。在本书的编写过程中，参考并借鉴了国内外许多早教专家、学者及同行的研究成果、观点和资料，同时要特别衷心感谢徐州婴乐坊早期教育机构周芷晗、程慧莹老师开放教学现场、参与活动设计教研活动，为本书提供了大量的教学图片、教学视频等资料，并由衷地欢迎各位专家、读者与我们联系，共同探讨早期教育亲子活动设计与相关研究问题。另外，衷心感谢复旦大学出版社的鼓励和支持。

本书是在探索早期教育活动设计与指导之路上的初步尝试，2—3岁早期教育专业机构发展在我国起步的时间不长，相关的研究也是见仁见智，难免存在以偏概全等不甚完善之处。由于编者能力有限，书中尚存在不妥之处，还请各位同行与读者不吝赐教，多加批评指正。我们也将继续努力，在教材使用过程中补苴罅漏，日臻完善。

目　录

第一章

早期教育亲子活动概述

第一节　早期教育活动的相关概念

一、早期教育活动

早期教育活动是指为了促进0—3岁婴幼儿健康成长,针对0—3岁婴幼儿及家长开展的具有指导性、科学性、游戏性、互动性的学习活动的总和,包括托育教育活动、早期教育机构进行的教育活动、入户指导活动、互联网＋早教活动等。本书早期教育活动专指针对2—3岁婴幼儿开展的、在早期教育机构中进行的早期教育活动。

二、早期教育机构

早期教育机构是指针对0—3岁婴幼儿健康成长需要及家长对科学育儿的需求,隶属于幼儿园或单独成立的,开展亲子活动的早期教育机构。本书专指针对2—3岁婴幼儿及其家长的早期教育机构,具备专业师资队伍、先进教育理念以及丰富亲子活动课程。早期教育机构为家庭养育提供科学的指导方法,家长可以在早期教育机构与同龄父母沟通交流,是一个促进婴幼儿和家长成长的专业平台。

三、亲子活动

广义的亲子活动是指家长或看护人与0—3岁婴幼儿进行的所有互动活动。狭义的亲子活动指在专业的早教教师的指导与组织下,在早期教育机构开展的,家长或看护人与0—3岁婴幼儿共同接受早教教师专业指导,获得学习成长的行为和过程。本书中的亲子活动指向2—3岁婴幼儿,分上、下学期,每周在固定的时间段,参加亲子活动3次,每次参加活动的人数为8位宝宝和8位家长,通过示范、游戏、互动、指导、观察及家庭延伸等形式,促进2—3岁婴幼儿身心健康发展,提升家长科学育儿能力。

四、亲子活动设计

亲子活动设计没有固定的模式或标准,目前亲子活动设计主要有围绕0—3岁教育的五大领域、分领域开展的亲子活动设计;有按照主题活动开展的主题式早期教育亲子活动设计;有根据不同需要开展的自主式亲子活动设计(如不同教养类型、不同家庭结构、基于本土文化特色)等。

本书中的亲子活动设计是遵循2—3岁婴幼儿学习与发展特点、阶段性发展目标与规律,本着生活化、游戏化、融合化、趣味化的原则,以不同主题为脉络相互链接,围绕每一个主题生成6—9个亲子活动,亲子活动设计兼顾各领域之间的融合,促进婴幼儿身心全面健康发展、提升家长科学育儿能力的模块化亲子活动。

　　针对2—3岁婴幼儿,我们分上、下学期不同月龄段共设计12个主题。以不同主题为脉络相互链接,每一个主题生成6—9个亲子活动,用2—3周时间完成。例如:25—30月龄段共6个主题,分别是"亲亲篇""滚滚篇""游戏篇""动物篇""季节篇""节日篇"。可以参考主题脉络导图,方便从宏观的角度更直观地了解主题内容框架。见图1-1,1-2。

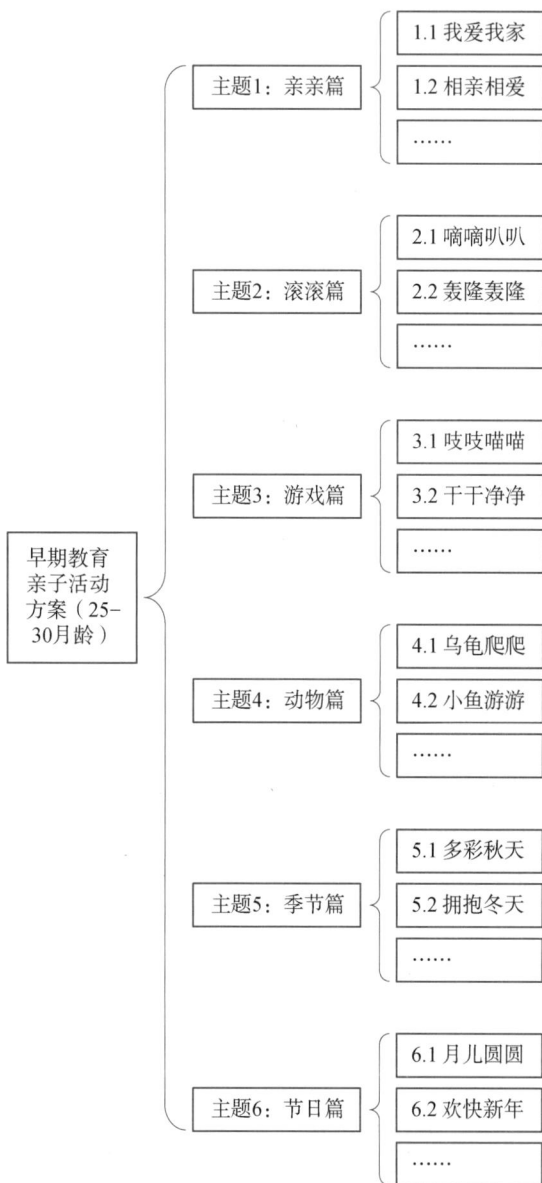

图1-1　25-30月龄亲子活动方案　　　　　图1-2　31-36月龄亲子活动方案

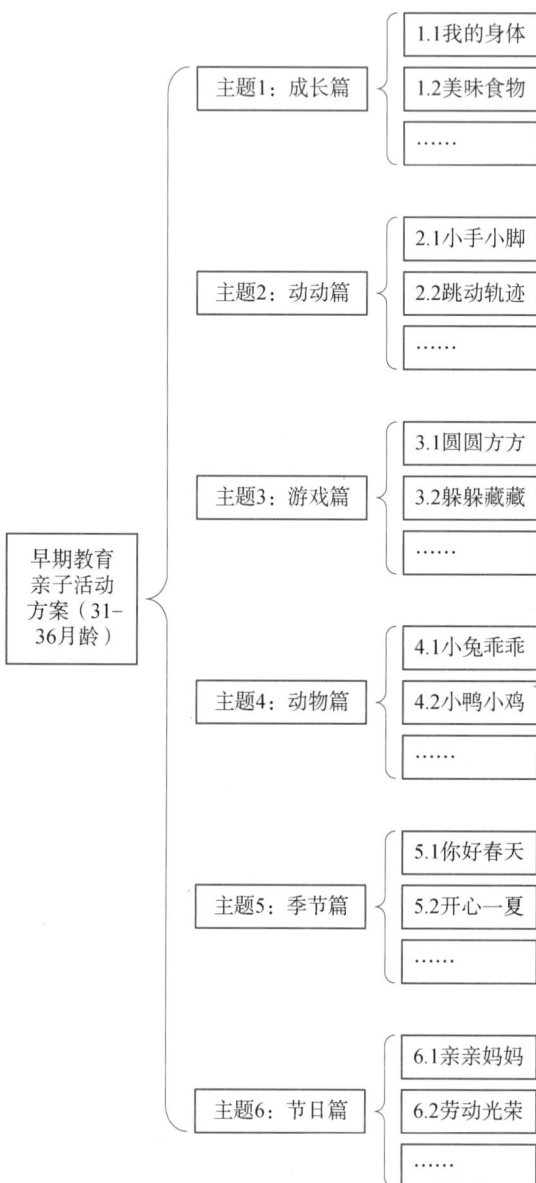

　　每一个亲子活动均为模块化设计。模块化设计是指亲子活动由基本环节构成。基本环节有走线活动、问好活动、认知活动、动作发展活动(粗大动作活动、精细动作活动)、语言活动、艺术活动(美术活动、音乐活动)、再见活动。一节亲子活动一般由6—7个基本环节组合而成。考虑婴幼儿发展的特殊性,根据活动目标、操作材料不同,遵循动静交替的原则,基本环节的组合方式、前后顺序也不相同。要强调说明的是,模块化设计并不是各环节枯燥生硬的简单累加,而是每一个基本环节都围绕主题进行设计,保证环节间内容的相互链接性,形成有机的模块系统。同时,各环节活动设计兼顾婴幼儿在语言、动作、艺术、认知、社会性等各领域的综合发展。见图1-3。

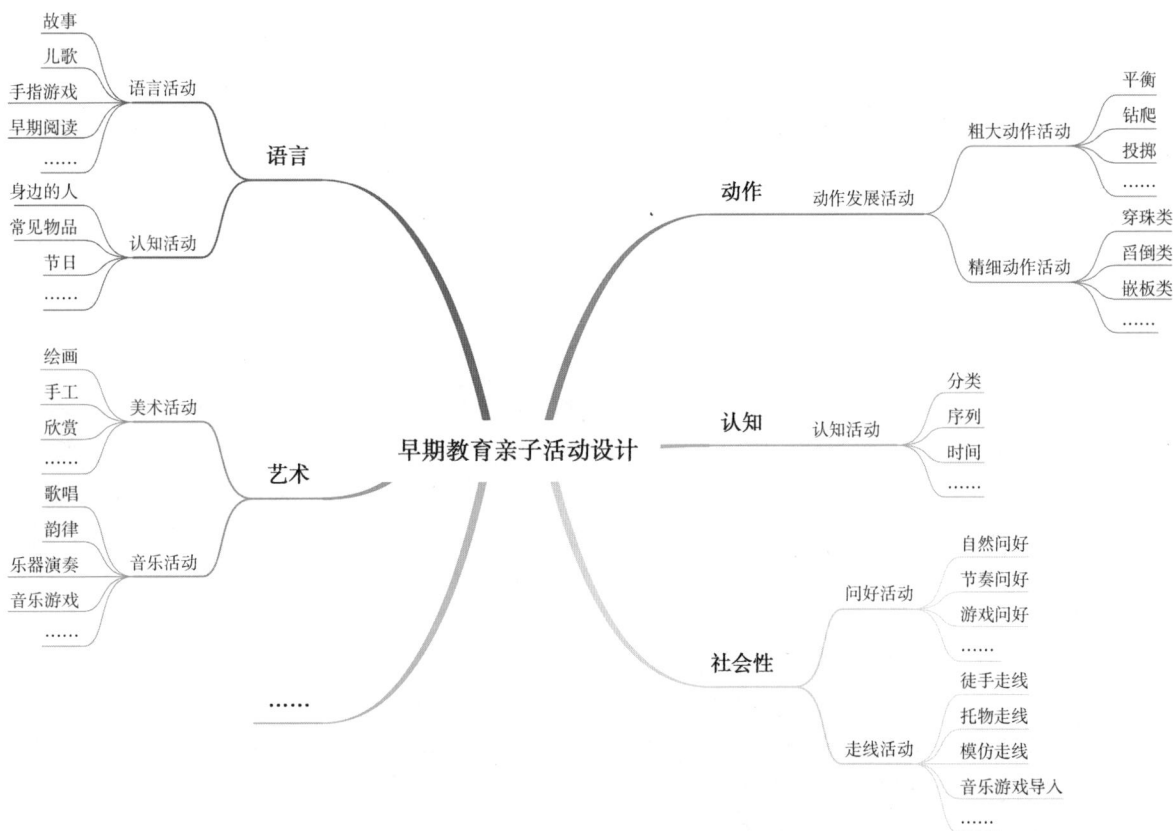

图 1-3　亲子活动模块化设计导图

以 31—36 个月主题活动"节日篇"中的"亲亲妈妈"为例。这一节亲子活动由 6 个基本环节组成：走线活动主要通过音乐游戏的方式和妈妈一起跳圆圈舞，学说关心妈妈的温暖话语(兼顾动作、社会性、艺术领域发展)；动作发展活动环节通过穿项链游戏，练习"穿""拉"技能，发展宝宝手眼协调性和双手配合做事的能力(兼顾动作、认知、社会性领域发展)。通过这 6 个基本环节活动，让宝宝沉浸在"亲亲妈妈"游戏情境中，既注重引导婴幼儿通过操作游戏材料、运用多种感官感知获得感性经验，又注重引导婴幼儿、教师、家长、同伴之间的相互交流互动，促进婴幼儿健康全面均衡发展，提高家长科学育儿的水平。见图 1-4。

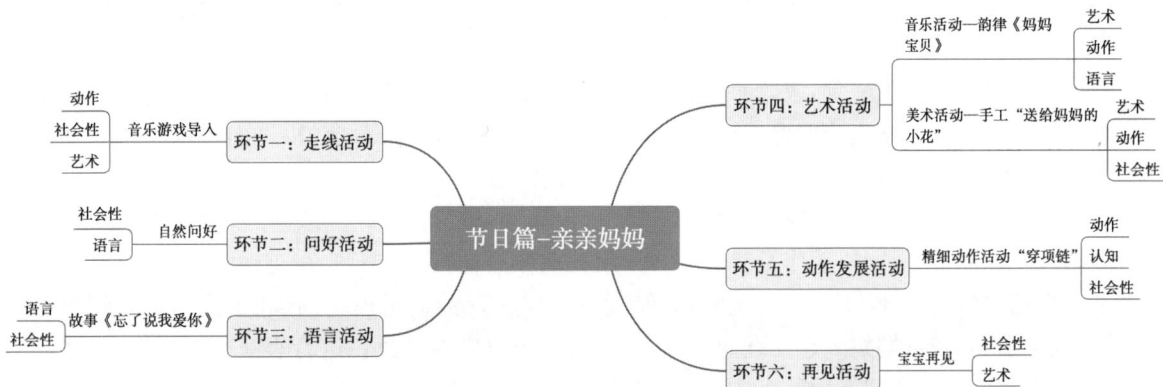

图 1-4　主题活动"节日篇"中"亲亲妈妈"亲子活动模块化设计导图

模块化设计还体现在每一个亲子活动设计均由 4 个版块构成，分别是主题说明、各环节活动设计方案、家园合作(信息推送)和活动随笔。其中,各环节活动设计方案均包括活动名称、活动目标(婴幼儿发展目标和家长指导目标)、活动准备、活动时间、活动过程、亲子指导、家庭活动延伸 7 个部分。模块化设计基于实践,具有可操作性、形象直观性的特点。

第二节　早期教育亲子活动设计的基本要求

2—3 岁婴幼儿早期教育亲子活动的组织与开展需要进行亲子活动设计。早期教育亲子活动设计具有 6 点基本要求。

一、内容选择生活化

早期教育亲子活动设计应考虑婴幼儿发展目标和不同月龄段发展特点,结合婴幼儿共性问题,选择生活中常见的、熟悉的、感兴趣的内容围绕主题开展丰富多样的活动。亲子活动设计要结合实际生活,活动内容要源于生活、贴近生活。在开展家庭延伸活动时,因方便取材,家长随时可以展开游戏,和宝宝在充满生活气息的活动中,感受生活处处皆场景、生活处处皆素材、生活处处皆教育,促进家长科学育儿经验提升,增进亲子情感。亲子活动设计回归生活,也有助于宝宝了解生活、不脱离生活实际,满足宝宝的成长需求。

例如:25—30 月龄中,围绕主题"亲亲篇"设计的亲子活动有"我爱我家""相亲相爱""过家家"等,内容贴近婴幼儿的真实生活,亲切、自然,互动性强,体验感足。在"亲亲篇"主题开展的 3 周时间中,婴幼儿能更好地体验家庭的温暖和亲人的关爱之情,学会分享和感恩,增进与家人的亲密感情,养成自己的事情要尝试自己完成的良好生活习惯以及愿意为家人做一些事情的良好品质。

二、主体参与多边化

在早期教育亲子活动中,婴幼儿、家长和早教教师组成三方互动主体。在共同参与的亲子活动中,三方均获得成长。亲子活动设计时要关注婴幼儿是亲子活动主要的参与者与学习对象,在与早教教师、家长的互动中,通过感知、操作获取经验,更新自己的经验结构,获得成长发展的特点。要关注家长在亲子活动中,通过与早教教师、婴幼儿的互动,自己既是学习者更是传递者和指导者。在这个过程中,家长不断获取最新的育儿知识、更新原有育儿经验、掌握指导婴幼儿的科学方法,应用到陪伴婴幼儿成长的实际生活中。在陪伴婴幼儿成长过程中,遇到新的育儿难题和困惑时,及时将信息反馈给早教教师,教师会根据具体情况给予家长正确的方法和合理化的建议,共同解决婴幼儿在成长过程中遇到的问题。同时,早教教师也会根据家长反馈的信息,对当下的亲子活动进行思考,对婴幼儿亲子活动设计进行及时调整更新和改进,以推进亲子活动不断完善,促进教师专业素养进一步提升。

亲子活动设计还要关注到,主体参与多边化还体现在婴幼儿和婴幼儿之间的互动、模仿与学习,家长和家长之间的相互交流与沟通,这些不同主体互相作用,形成教育合力,进而提升亲子活动的质量和效果,促进婴幼儿、家长和早教教师三方实现最优化发展。

例如,主题活动"游戏篇"中"糖果屋"亲子活动环节有:语言活动——故事《没有牙齿的大老虎》;艺术活动——歌曲《小牙刷》;动作发展活动——粗大动作活动"卷糖果"。在有趣的游戏情境中,宝宝知道了多吃糖牙齿会疼、吃了东西要及时刷牙、要好好保护牙齿的道理,一起和小伙伴玩卷糖果的游戏,学唱刷牙歌,和爸爸妈妈一起在歌曲中练习刷牙,模仿故事中的角色进行表演……活动中,婴幼儿与教师、家长和同伴间实现有效的多方互动,提升亲子活动的质量和效果。

三、形式互动游戏化

游戏是最适合婴幼儿年龄特点和发展水平的学习方式之一,游戏符合婴幼儿的天性,贴近婴幼儿的实际认知水平。婴幼儿在游戏中再现生活真实场景,掌握与调整与同伴友好交往的策略,体验游戏带给他们的愉悦感受,满足他们的身心发展需要,从而促进婴幼儿身心健康发展。早期教育活动中,每一个活动的设计都以亲子游戏为基本组织形式,通过各种情景性的趣味游戏,激发婴幼儿参与活动的兴趣,在多样的游戏活动中,体验成功的喜悦、增强自信、学习交往、增进亲子感情,促进全面发展。

例如:主题活动"滚滚篇"中,动作发展活动环节"小飞机"的游戏设计就深受婴幼儿和家长的喜爱。"小小飞机飞呀飞,飞过来,飞过去,一飞飞到白云里。"家长和婴幼儿在活动中尝试三种小飞机起飞的方法,活动室里充满了欢声笑语。在有趣又充满挑战的游戏互动中,婴幼儿和家长不断地尝试,变换不同的游戏玩法,收获着浓浓的亲子感情。

四、活动环节完整化

早期教育的亲子活动设计要求环节完整化。一个亲子活动由多个活动环节组成,环节的组成和设计根据主题活动的不同、婴幼儿年龄特点和实际接受水平做适当的组合、调整或删减。基本环节包括走线活动、问好活动、认知活动、语言活动、动作发展活动(粗大动作活动、精细动作活动)、艺术活动(音乐活动、美术活动)和再见活动。各环节设计都以主题为线索贯穿始终,在游戏化的互动中,满足婴幼儿全面发展的需要和家长科学育儿成长的需求。

例如:主题活动"季节篇"中"多彩秋天"亲子活动各环节设计为:走线活动——"树叶宝宝走一走";问好活动——"击鼓传树叶";艺术活动——韵律活动"小树叶"、美术活动"拓印树叶";动作发展活动——粗大动作活动"大风和小树叶";再见活动——"树叶宝宝再见"。每一个活动环节过渡自然,围绕"秋天"主题逐一展开,宝宝和家长沉浸在游戏情境之中,感受秋季的美和变化。

五、个体差异兼顾化

个体差异兼顾化表现在两个方面:关注宝宝的个体差异和关注家长的个体差异。2—3岁婴幼儿在各自成长发展进程中,由于个体遗传基因、家庭成长环境、抚养人教养方式等各不相同,使得个体存在一定的差异性。在早期教育机构,虽然宝宝都处在2—3岁年龄阶段,但宝宝间的相差月龄较为明显,有的宝宝相差近12个月,因此会在身体动作、认知能力、语言表达、动手操作、艺术表现等方面存在明显的差异。设计早期教育亲子活动时一定要关注宝宝的个体差异性,兼顾到每一个宝宝的实际发展能力和水平。设计活动的场景、教学具的摆放、活动目标要求以及对宝宝的指导要注意个体差异性;对家长指导也要体现个体差异性。由于家长年龄不同、学历不同、教育理念不同,对家长进行指导也要兼顾个体差异性,不能一个标准、一个要求,要给不同需求的家长个性化专业指导,用家长能接受的方式指导其成长。

例如:主题活动"亲亲篇"的"过家家"活动中,粗大动作活动中请宝宝走过平衡木的"小桥",考虑到宝宝运动能力的差别,在活动设计时设置了难易程度不同的游戏场景:高低不同的小桥都可以通往小熊的家(高低、长短不同的平衡木),宝宝可以选择不同的小桥,尝试从不同的桥面过河,既考虑了宝宝的真实水平发展,还激发了宝宝尝试挑战的勇气。这样的设计一改往日在统一的器械、统一的标准、统一的要求下宝宝被动完成任务,缺乏挑战性和体验感的弊端。兼顾个体差异,能促进宝宝在原有基础上的提升和进步。教师对家长参与游戏情况要进行观察并鼓励家长积极参与亲子游戏互动中,有针对性地进行现场指导,提升家长科学育儿的水平。

六、时间空间延续化

2—3岁婴幼儿亲子活动的开展是在早期教育机构进行,每周对婴幼儿及家长开设3次活动,不能完全满足家长对育儿的需要,因此早期教育的亲子活动设计应具有时间、空间的延展性和延续化。每一次活动都要做好家长指导,由专业的早期教育教师教给家长如何指导这个年龄段宝宝回到家里继续开展活动的方法,引导家长在家里利用生活中随处可见的材料,根据教师的示范与指导,将游戏活动进行巩固、拓展和创新,从而保证亲子园与家庭同步的一致性,实现亲子教育在时间和空间上的延展性、系统性和创新性。

例如:主题活动"节日篇"中"月儿圆圆",在亲子活动中孩子们分享了购买的美味月饼。由于早期教育机构空间限制,我们将活动延伸到家中,请家长和宝宝回家后动手做一做美味的月饼,让宝宝在家里参与和面、拌馅、压模等工序,并在期待中品尝到自己和家人亲手制作的月饼,成就感和喜悦感油然而生。家庭活动延伸设计凝聚着早教教师的专业智慧,把活动延伸到家庭,让家长在早教教师的专业指导下把家庭衍变成一个其乐融融的"亲子课堂",一个快乐玩耍的"亲子乐园",一个运用生活中随处可见的材料进行操作的寓教于乐的"亲子加工厂"……

另外,早期教育机构还在每天固定时间段运用信息平台,给每一位家长推送家园合作信息[本书第四、第五章节亲子活动设计案例后均附有家园合作(信息推送)],使得家庭开展的亲子活动具有空间广、周期长、趣味足、收效高的特点。在教师指导下,家庭活动延伸更具有指导性价值,有效弥补了参加早期教育机构活动开放时间短、次数少的不足。家长在早教教师引领下成长,指导宝宝们在家的每一天也能享受到高质量的陪伴。

第三节 早期教育亲子活动设计中的家长指导

2—3岁早期教育亲子活动是以婴幼儿及家长作为教育对象开展活动,其中对家长工作的指导非常重要。主要为帮助家长通过参与亲子活动,在早教教师的指导下,学习和掌握科学育儿的方法,从而转变育儿观念,尝试和实施科学育儿方法,真正成为婴幼儿的第一任教师,切实承担起教育孩子的重任。

一、亲子活动目标的设置具有双向性

早期教育亲子活动的目标设置应考虑指向婴幼儿和家长两个维度,这样有助于早教教师在指导亲子活动中把准方向。在设计亲子活动时,活动目标设置要分成两个部分,分别是婴幼儿发展目标和家长指导目标。婴幼儿发展目标在设置时要根据2—3岁婴幼儿的年龄特点、发展水平和个体差异等实际,要根据对婴幼儿已有水平的观察和了解,根据婴幼儿"最近发展区"制定既符合婴幼儿当下发展需要、又能促进婴幼儿"跳一跳"达成的教育目标。家长指导目标在设置时要根据家长育儿需求,设置适合家长操作、观察与成长的目标,鼓励家长参与亲子活动的指导,通过亲子互动游戏,建立亲子亲密关系,引领家长科学育儿。

例如:亲子活动"我爱我家"中,语言活动学习儿歌《我有一个幸福的家》,活动目标设置为:

婴幼儿发展目标

1. 会说简单的儿歌,且发音基本正确。

2. 了解自己的家庭成员组成,尝试把更多的家人编进儿歌里。

家长指导目标

1. 熟悉儿歌内容时,要注意孩子的发音,尽量纠正不清楚的发音,练习说清楚每个字。

2. 表演儿歌时的表情和动作可以适当夸张,引起宝宝兴趣。

二、亲子活动过程的指导具有参与性

在亲子活动设计中,早教教师会对每一个开展的活动环节进行亲子指导,耐心细致地交代活动的玩法、教学具的操作、游戏的参与及指导要求(本书第四、第五章节亲子活动设计每一个活动环节均有亲子指导说明),引导家长积极鼓励宝宝参与活动并完成任务。指导家长要注意观察宝宝的活动过程及操作方法,尊重宝宝自身的差异性,通过示范或口头语言引导宝宝完成任务,不要操之过急或指责或包办代替。需要家长共同完成的游戏要引导家长积极参与,为宝宝做好示范。每一次活动结束时,家长要指导宝宝学会主动收拾好学具并送回学具柜中。早教教师对于家长的表现也要及时给予肯定

与表扬,以强化家长参与宝宝游戏全过程的行为。同时,也要尊重家长自身的差异性。通过参与亲子活动,家长可以更好地掌握先进的育儿知识、实用的教养技能、良好的沟通技巧和有效的陪伴方法。让家长明确并意识到参与宝宝游戏活动可以增加亲子关系的亲密度,形成良好的亲子关系,提升自己育儿的科学性,指导宝宝的发展。

例如:亲子活动"我爱我家"中,语言活动学习儿歌《我有一个幸福的家》,亲子指导为:

25—30个月宝宝开始关注家里有谁,在家人的帮助下熟悉家庭每一个成员的简单情况。通过欣赏宝宝成长影集,让宝宝了解自己的成长经历,感受在成长过程中家人给予的关爱,激发初步爱的情感。家长在朗诵儿歌时,表演的动作可以夸张一点,便于宝宝观察、模仿。

三、亲子活动结束的延伸具有指导性

亲子活动设计还应包括亲子活动结束后的家庭活动延伸设计(本书第四、第五章节亲子活动设计每一个环节均有家庭活动延伸)。亲子活动结束后,早教教师不仅要及时总结当日活动的情况,也要对参与活动的家长提出家庭活动延伸的要求。拓展了亲子活动的时间和空间,保障了亲子活动的完整性与连贯性。家庭活动延伸有时会是一个小任务,有时会是一个温馨的提示,有时会是一个科学育儿的好方法分享等。将亲子活动的指导延伸到家庭,更好地达成亲子活动设置的双重性目标。将亲子活动进行家庭活动延伸,能促使家长的教育能力不断增强,引导家长更科学地关注宝宝的成长变化,鼓励家长集思广益将亲子活动创编出更多适宜宝宝发展的形式和方法,让家长充满信心,为宝宝的发展给予最优质的陪伴。家庭活动延伸进一步巩固了家长与宝宝之间的互动,也是发展良好亲子关系的重要途径之一。

例如:亲子活动"我爱我家"中,语言活动学习儿歌《我有一个幸福的家》,家庭活动延伸为:

回到家中,家长可以继续和宝宝一起说儿歌,鼓励宝宝把儿歌说给其他家庭成员听。说儿歌时,要注意宝宝的发音是否清晰。熟悉儿歌后,鼓励宝宝替换儿歌中人物的名称,为家人表演儿歌。不但可以让宝宝了解家庭成员,还可以帮助宝宝发现同类型儿歌可以进行迁移改编的特点。

第四节　早期教育亲子活动设计中的同课异构

早期教育亲子活动设计要求早教教师也要具备同课异构的能力。同课异构的能力指早教教师能够将同样的素材,针对不同月龄段的宝宝设计出不同游戏活动的能力,让亲子活动更具有针对性、趣味性和递进性。

例如:宝宝非常喜欢小动物,对小动物有一种天然的亲近感。因此,主题活动"动物篇"在25—30个月及31—36个月不同月龄段都会涉及。在小动物中,呼噜猪是宝宝们喜欢的形象,早教教师针对宝宝不同月龄段,用宝宝们熟悉又喜欢的呼噜猪,设计了系列不同的亲子游戏活动。

一、31—32个月亲子活动设计

动作发展活动		
粗大动作活动:淘气的呼噜猪		
活动目标	婴幼儿发展目标	1. 能手膝着地协调地向前爬,能保持身体的平衡。 2. 坚持向目标地点爬行。
	家长指导目标	1. 家长在游戏过程中需要时刻关注宝宝的情绪,及时回应。 2. 感受和宝宝一起游戏的快乐。
活动准备	助威棒,小猪头饰。	

活动过程	1. 情境导入。 师：现在请宝宝变成可爱的呼噜猪，宝宝在垫子上爬一爬，爸爸妈妈要在后面用助威棒来赶小猪。 2. 讲解玩法。 (1) 师：接下来我们进行一场小猪爬行比赛吧。 (2) 师：对面的红色线是终点，我们看看哪个呼噜猪宝宝先到达。 3. 亲子游戏。 (1) 宝宝戴上小猪头饰，家长鼓励宝宝模仿小猪，比如"哼哼哼"模仿小猪的声音，或者扭扭屁股模仿小猪的身体动作。 (2) 在游戏中，家长使用助威棒敲击"呼噜猪"的屁股，速度可以有快有慢。 (3) 在游戏结束后，依次将玩具助威棒收好，放在指定的地点。
亲子指导	游戏时，可能会出现宝宝爬行速度较快，或方向不一致导致两个宝宝碰撞在一起的情况。家长应时刻关注宝宝安全问题或突发情况，做好语言提醒，如："××小猪宝宝，要稍微慢一点，可以休息一下哟！"避免可能存在的安全问题。 家长在游戏的过程中需要关注宝宝的情绪，如果宝宝出现不愿意继续爬行的情况，家长可以主动地问宝宝："要不要我们换一换，妈妈来当小猪，你来赶小猪好吗？"尝试与宝宝交换角色进行游戏，增强游戏的趣味性和互动性。
家庭延伸活动	在家中，家长要积极参与到亲子游戏中，不做游戏的旁观者。"陪孩子游戏"是每一个家长甜蜜的负担，需要体力、时间、心情与智慧，但这种陪伴一定会带给家长和宝宝无穷的乐趣和成长收获。

二、33—34 个月亲子活动设计

动作发展活动			
粗大动作活动：能干的呼噜猪			
活动目标	婴幼儿发展目标	1. 通过游戏锻炼宝宝钻爬动作，体验运送的快乐。 2. 引导宝宝初步学习排队等待的游戏规则。	
	家长指导目标	观察宝宝游戏的情况，给予鼓励。	
活动准备	小猪头饰，钻洞，阳光隧道，小石头，仿真面包。		
活动过程	1. 情境导入。 师：小小呼噜猪们早上好！今天妈妈想请你们帮忙送一些面包给朋友们，你们愿意帮妈妈吗？ 2. 示范游戏。 师：呼噜猪从家出发，先踩着小石头过河，然后爬过阳光隧道，最后钻过小洞，就可以送面包给朋友们啦！ 3. 亲子游戏。 (1) 宝宝戴上小猪头饰，家长提示宝宝学会耐心等待与排队。 (2) 宝宝通过阳光隧道，家长要做好指引，在阳光隧道另一端迎接宝宝，或是轻声呼唤宝宝的名字，给予宝宝坚持的信心。		
亲子指导	1. 根据每个宝宝能力不同，进行个别指导。 2. 如果宝宝踩小石头过河时出现害怕的情况，家长要给予宝宝语言上的鼓励，动作上的支持，例如给宝宝一根手指牵一牵，给予宝宝适当的安全感。 3. 宝宝在钻阳光隧道的时候，可能会出现阳光隧道左右滚动的情况，在这个时候家长需要双手扶阳光隧道，待宝宝通过之后，再离开。 4. 游戏要有一定的规则和秩序感，应引导宝宝排队进行游戏。例如：在钻阳光隧道时，如果隧道内有未通过的宝宝，那么下一个宝宝则需要耐心等待一下，等前一个宝宝通过后，再进入阳光隧道。		
家庭活动延伸	在家中，可以继续和宝宝一起运用小椅子、小桌子和废旧纸箱纸盒等搭建游戏场景，和宝宝一起进行平衡或钻爬的游戏。		

三、35—36个月亲子活动设计

动作发展活动		
粗大动作活动：棒棒的呼噜猪		
活动目标	婴幼儿发展目标	1. 锻炼宝宝手眼协调和视觉追踪能力。 2. 体验亲子游戏的快乐。
	家长指导目标	鼓励宝宝与其他小伙伴共同进行游戏,促进社会性发展。
活动准备	助威棒(宝宝和家长各一个),小球,小猪曲棍球手形象头饰。	
活动过程	1. 情境导入。 师:今天我们玩一个非常有趣的游戏"翻滚吧球球"。 2. 游戏规则。 (1) 师:今天呼噜猪要变身曲棍球手,请宝宝们双手抱住助威棒。 (2) 师:用助威棒敲击西瓜球,西瓜球在垫子上滚一滚! 宝宝可以一边跑动一边敲击追赶西瓜球。 3. 亲子游戏。 (1) 游戏时,宝宝双手抓紧助威棒,然后击打西瓜球,让西瓜球在垫子上滚一滚。 (2) 家长参与其中,和宝宝相互传球。 (3) 鼓励宝宝与同伴进行击球游戏。 (4) 游戏结束后,家长和宝宝将助威棒和西瓜球送回到指定位置。	
亲子指导	准备小球时,应注意小球的软硬适中,适合宝宝使用助威棒推动小球,顺利进行游戏。每个宝宝能力不同,建议准备大小不同的球,满足宝宝练习需求。关注宝宝游戏情况,注意保护宝宝安全。如果宝宝敲击不到小球,家长应及时给予语言上的支持"加油,再试一试"。	
家庭活动延伸	在家中多与宝宝共同游戏,例如:平地滚球也可以变成推球上斜坡(利用废旧纸箱),增加游戏难度,提高挑战性,让宝宝得到身体各部位的锻炼,同时促进亲子关系和谐发展。	

第二章

早期教育教师职业素养

2010 年 7 月国务院颁发的《国家中长期教育改革和发展规划纲要（2010—2020 年）》明确提出要"重视 0—3 岁婴幼儿教育"。随着二孩政策的全面放开，0—3 岁婴幼儿教育已经引起全社会的普遍关注，对 0—3 岁婴幼儿教育的高质量需求也在不断增高，应运而生的专业婴幼儿教育服务机构越来越多。高质量的婴幼儿教师必须依靠高素质的教师队伍。社会对早教机构的需求更加迫切，早期教育教师需求量也将随之激增。全面提高早教教师专业化水平和职业技能成为早期教育专业发展的当务之急。

早期教育教师（以下简称早教教师）的职业素养应具有正确的儿童观，熟练掌握 0—3 岁婴幼儿心理发展特点与规律；应具有正确的职业认知、严谨的保教言行、高尚的职业道德及规范的职业礼仪。应具备婴幼儿保教能力及婴幼儿照护技能；应具备根据 0—3 岁婴幼儿月龄阶段发展目标，进行教育活动设计、组织与实施教育活动的能力。除此之外，还应具备为家长提供正确的教育理念、科学的养育知识、生活照护方式等方面指导与建议的能力，具备开朗、乐观、善良的心理素质，具备较好的调控情绪与情感的能力。

第一节　早教教师基本素养及要求

良好的早教教师形象与举止，应是端庄得体、亲切随和、落落大方、彬彬有礼。早教教师主要交流的对象是 0—3 岁婴幼儿及家长，在形象与举止、教学与日常应自觉遵行礼仪规范的要求，形成自觉行为，提升自身修养，约束自己，自律自重，努力塑造积极、亲和、温文尔雅的专业早教教师形象。

一、形象要求

1. 清新自然

早教教师群体多为青春靓丽、活力四射的青年教师，所以自然清新的美是仪容美的最高境界，使人赏心悦目、真实生动。早教教师不要刻意追求化妆装饰，要发型干净利落、服饰整洁得体，还要保持心情愉悦、精神抖擞，用天然去雕饰的美显示出早教教师独有的形象美，维护教师为人师表的形象。

2. 和谐雅正

在日常组织活动时，女教师要注意妆容淡雅得体，忌浓妆艳抹；不佩戴款式夸张的饰物；指甲要保持清洁，要经常修剪，忌留长指甲，不涂抹色彩艳丽的指甲油；发型要简洁利落，忌染怪异颜色的头发，头饰搭配要注意协调雅致。男教师忌蓄长发、胡须等。

二、着装要求

由于 0—3 岁婴幼儿活动组织具有一定的特殊性，因此要求早教教师在着装方面能体现职业特点。

1. 舒适大方

早教教师面对的教育对象是 0—3 岁婴幼儿和家长，因此组织亲子活动时着装首先要考虑舒适大方,色彩适宜低龄婴幼儿审美特点,其次在款式方面要求简单便捷,无过多修饰。另外,也必须保持服饰整洁卫生,无异味、忌喷洒浓重香水。

2. 得体适宜

服装得体便于组织教学,上衣不宜过长过厚,裤子松紧适宜有一定弹性,忌低腰过短,忌透忌紧忌漏,便于早教教师组织活动时做跪、立、坐及短时停留等教学规范动作。厚丝袜或软底鞋要保证清洁无异味,要经常清洗干净。内搭衣服不要大于外套,款式不宜太新潮,不宜穿着条纹衫或过于厚重,便于组织亲子活动时婴幼儿视觉的舒适度。得体的着装,应当基于整体的考虑和精心的搭配,尽可能地彰显审美和谐。

三、沟通礼仪

0—3岁婴幼儿早期教育活动因其特殊性,早教教师担负着指导宝宝健康成长和家长科学育儿的双重任务。要求早教教师在组织亲子活动时处处严格规范,力求每一个活动都要从细节做起,亲近宝宝,与家长建立健康良好的关系。

早教教师在与宝宝情感交流时,与婴幼儿要有眼神、语言、表情的交流,要求面带微笑,表情自然、丰富,有亲和力。早教教师在与家长沟通交流时要有聆听、谈话、语言和非语言沟通技巧,要牢记早教教师的身份,遵循尊重、理解的原则,换位思考,礼貌友好。保持和体现亲子教师礼仪水准、道德修养,具备三心素养(爱心、诚心、责任心)、高尚的师德和亲子教师职业形象。

1. 平等尊重

早教教师与家长交流要体现平等尊重的原则。平等尊重是礼仪的情感基础,人与人之间彼此尊重,才能保持和谐愉快的人际关系。与家长交流要做到言语有度、举止得体、围绕专业、引领成长。遵守一定规则,注意一言一行。换位思考、耐心引领,及时回应、多边沟通。用真诚的态度和过硬的专业赢得家长的尊重、理解与配合,共同担负科学育儿、有效陪伴的重任和责任。

2. 礼貌待人

在家长群体中,家长年龄不同、阅历不同、文化层次以及对宝宝教育理念各不相同。参与活动的家长也不一定是宝宝第一监护人,还会经常更替变化。所以,早教教师要本着礼貌待人的热情与真诚,主动做好沟通,平等以待、听取建议、虚心接纳。对于个别不礼貌、不合理的要求要耐心细致做好解释工作,争取建立相互信任、积极配合、和谐的家园互动氛围。

第二节　早教教师组织亲子活动专业规范及要求

统一的服装、统一的胸卡、规范的举止、标准的普通话和大方的微笑,是早教教师最美的流动名片。每一个早教机构都应该重视和打造细节规范,提升教师在家长和宝宝心目中的威信、树立专业形象。

早教教师组织亲子活动有严格的规范和要求:设计亲子活动方案应用词准确,语句通顺,格式规范,条理清楚;组织亲子活动应表达流畅,有感染力,条理清楚,逻辑性强;教姿教态应仪表大方,举止文雅,表情自然、丰富,有亲和力。

组织亲子活动时,早教教师应使用标准普通话,语言规范、语意准确、语气轻缓、语调低柔、语音清晰、语速适中。教师的目光要与婴幼儿持平,要关注到每一个参加活动的宝宝和家长,及时给予适当的指导与帮助。示范操作时步骤应正确,动作宜放慢,过程要清晰,让婴幼儿看清楚每一步操作方法。避免无关动作和无关语言。

要重点指出的是,早教教师在组织亲子活动过程中,对于教姿教态的要求不同于其他年龄段的教师,具体体现在对站姿、坐姿、行姿、立姿等规范要求方面。早教教师应根据亲子活动组织的实际要求,力求做到动作规范标准、轻捷利落、变化流畅、优雅大方。

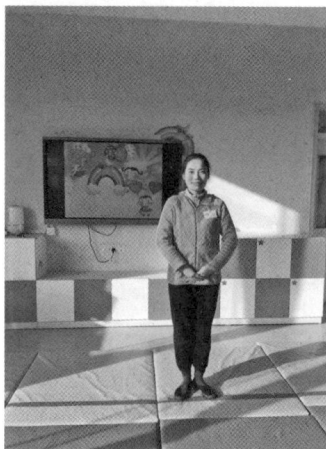

图 2-1 站姿

一、站姿应挺拔

站姿即站立时的姿态。早教教师在组织亲子活动需要站立时,应面带微笑,微微提气,上身挺拔,腰部收紧,双腿并立,呈丁字步。双肩持平,双手交叉于身前,双目有神。站姿虽多运用在与家长沟通交流时或组织活动开始之前,但早教教师应在任何场合都要保持挺拔,保持专业形象。见图 2-1。

二、坐姿应端庄

坐姿即坐立时的姿态。亲子活动对场地是有一定要求的,多数活动环节的组织都是在软地垫上进行。早教教师的坐姿一般为盘坐和跪坐两种。正确优雅的坐姿能体现早教教师专业的礼仪修养。

1. 盘坐

盘坐要求教师双腿交叉盘坐,尽量将双腿贴于地面,双手操作教学具时,盘坐姿势要保持直挺、端正。讲述活动时,双手可放在膝盖上也可以相叠自然垂下。见图 2-2,图 2-3。

图 2-2 盘坐

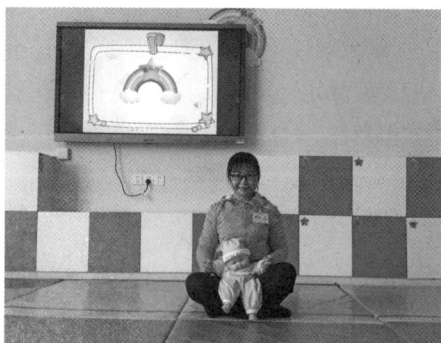

图 2-3 盘坐

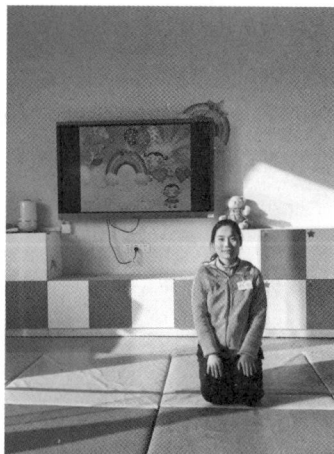

图 2-4 跪坐

2. 跪坐

跪坐要求教师仪态自然大方,上身挺拔直立,背部挺直,肩膀自然放松。双脚背要贴紧地垫,臀部落于脚跟处。双手五指并拢自然放在大腿上。目光与宝宝持平。跪坐时可以进行肢体动作、教学具演示或语言活动教学等。操作教学具时上身可以根据需要起伏、微转。见图 2-4。

早教教师在组织亲子活动各环节中使用盘坐或跪坐。组织活动中,如需要由跪坐转换至盘坐时,身体应向上转化为跪立后双脚交叉坐下。如需要起身时注意脚踝用力,身体向前倾,使用瞬间力量起身。在转换时应注意动作流程稳定、迅速干脆。

三、行姿应优雅

行姿即行走时的姿态。早教教师的行姿应步伐均匀、舒缓自然、稳健自信。行进时步幅宜小、轻柔落地,避免左右摇晃、步伐不稳。行姿多运用在走线活动环节,早教教师应日常中训练自己的行姿,以保证在组织亲子活动中从容优雅,体现专业素养。见图 2-5。

图 2-5 行姿

四、立姿应稳健

立姿指早教教师在取放教学具和指导宝宝进行操作时的姿势。常用立姿有跪立和短时停留两种。

1. 跪立

早教教师在组织亲子活动取放教学具的环节,对于取放教学具的姿势也有一定规范要求。取放教学具时一般采用跪立,即靠近学具柜的腿屈膝90度,另一条腿贴地,大腿小腿呈90度,身体体态保持自然优美。见图2-6,图2-7。

图2-6 跪立

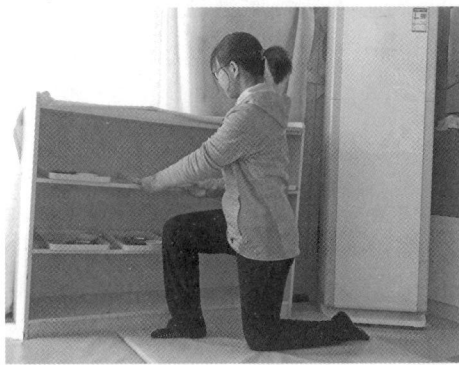

图2-7 跪立

2. 短时停留

短时停留运用在指导宝宝进行操作活动时,早教教师根据指导需要,短时停留。教师一条腿贴地,另外一条腿屈膝,臀部坐在贴地的腿上。双手可扶于屈膝的膝盖上,面带微笑,轻声指导。注意时间停留不宜过久,要关注到每一个有需要的宝宝。短时停留也可以作为观察宝宝活动时的姿势,不干扰宝宝操作,轻便无痕地停留片刻观察即可。见图2-8~图2-11。

除以上动作有规范要求外,早教教师在组织亲子活动时也经常使用手势动作,如"请"的动作,应五指并拢手心向上,从胸前向旁侧打开。早教教师的教姿教态需反复训练,熟能生巧,每个动作转化时不拖泥带水,应流畅、优美、自然。

图2-8 短时停留

图2-9 短时停留

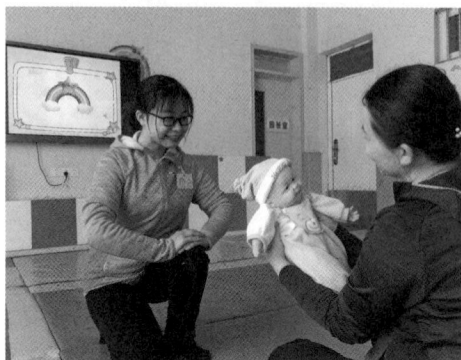

图2-10 短时停留

图2-11 短时停留

第三章

早期教育亲子活动的组织与实施

随着婴幼儿早期教育越来越受到社会的认可和重视,早期教育教师师资需求以及对婴幼儿早期教育亲子活动设计与指导的需要越来越迫切。其中包括2—3岁婴幼儿阶段的亲子教育活动的组织与实施,要求早期教育教师对亲子教育活动的基本流程及活动环节设置有充分的了解,能根据2—3岁婴幼儿身心发展特点与指导家长科学育儿需求设计亲子活动。让2—3岁婴幼儿在积极愉快的游戏互动中增长知识、发展体能、顺应个性、开启潜能。提高婴幼儿社会交往能力及心智发展水平,树立家长科学育儿的信心。

本章重点阐述亲子活动的组织与实施中几个基本活动环节,包括走线活动、问好活动、认知活动、动作发展活动(粗大动作活动、精细动作活动)、语言活动、艺术活动(美术活动、音乐活动)、再见活动。每一个活动环节我们均做详细说明并附有各环节亲子活动设计方案及教师示范视频,供大家学习参考。

第一节　走线活动

早期教育亲子活动的组织与实施中,走线活动一般安排在亲子活动的开始环节。走线活动的组织方式采用早教教师带着宝宝及家长在舒缓柔美的音乐中,踩着垫子上贴好的线(一般为方形),按一定节奏走一走的活动。走线活动可以发展宝宝空间感、方向感,培养宝宝的专注力,可以较好地平复情绪,以良好的状态进入下一个活动环节,还可以锻炼宝宝良好的体态、身姿等。

2—3岁婴幼儿的走线活动有多种形式,本书介绍徒手走线、托物走线、模仿走线、音乐游戏导入4种。走线活动的音乐根据需要选取轻柔的、欢快的或不同风格的音乐。走线的形式根据亲子活动设计需要、宝宝的兴趣点和关键期发展需要进行变化,要具有趣味性、情境性和新颖性。走线活动还有一点隐藏的意义——等待,即在走线活动中等待个别没有及时参加活动的宝宝。

一、徒手走线

徒手走线即在轻柔舒缓的轻音乐中,宝宝和家长在早教教师的引领下,一步一步沿着垫子上的线按一定的节奏行进走的活动。在走线的过程中,早教教师一般会用轻柔的声音、简短凝练的语言,向宝宝和家长介绍本次活动的主题内容。走线活动一般半圈换一种姿势,或叉腰、或抬臂、或抱肩等,身体可做任何的肢体动作,如手放头顶、手放腰间、手臂打开等。徒手走线可以帮助宝宝尽快调整气息,稳定情绪,为接下来的活动做好准备。

徒手走线	
活动过程	1. 走线介绍。 (1) 师:让我们开始今天的走线活动吧。

续 表

	(2) 师：宝宝的小脚丫踩在红色的线上，跟着好听的音乐我们出发吧。 2. 情境导入。 (1) 师：亲爱的家长朋友们，让宝宝的小脚踩在红色的线上，眼睛向前看，跟着老师走一走。现在轻轻地吸气、吐气，脸上露出最美的微笑，走线活动能训练宝宝良好而优美的走姿。 (2) 师：宝宝们侧过身体，手放在肩膀上。 (3) 师：现在宝宝的小手放在腰上，倒退走一走。

视频 3-1

二、托物走线

视频 3-2

托物走线一般有托抱走线和托物走线两种形式。

托抱走线适用月龄较小的宝宝参加活动时采用。托抱走线即家长一只手托住宝宝的屁股，另外一只手扶住宝宝的胸腹部，用安全环抱姿势跟随音乐进行走线的活动。在走线活动中，早教教师用轻柔的声音将本次活动的主题、内容等向家长和宝宝娓娓道来，创设一种舒适温馨的氛围，让小月龄宝宝情绪尽快平稳，有助于下一个活动的顺利开展。

托物走线根据宝宝发展需要，结合主题内容，走线时宝宝手持相应的器皿或玩具跟随早教教师进行的走线活动。25—30个月的宝宝可以进行简单的托物走线活动，如小碗托物走、盘子托物走等，创设一定的游戏情境，锻炼宝宝身体平衡及注意力。31—36个月的宝宝可逐渐用勺子舀小珠子走、将所托物品放在身体不同的位置，如肩挑、背驮（小软垫）、手托物或头顶物走等，还可在宝宝手腕处系上串铃等乐器，手臂打开走，保持乐器不发出声音。在练习托物走线的过程中，早教教师多以语言进行指导，如调整宝宝的行走姿势，变换托物的方法，变化走线的方向，以训练宝宝挺拔的姿态、平稳的呼吸、稳健的步伐和良好的秩序感。

徒手走线、托物走线要求宝宝和家长面带微笑，保持安静，挺胸抬头，身体尽量保持平衡。走线活动时间掌握在3分钟左右，沿着线走3圈左右。要注意的是，托物走线时姿势保持时间不宜过久，设计动作不宜过难，以免宝宝疲惫产生厌倦情绪，最后听着渐止渐弱的音乐提示，依次慢慢走回自己的位置坐下。

托 物 走 线	
活动过程	1. 走线介绍。 (1) 师：让我们开始今天的走线活动吧。 (2) 师：宝宝的小脚丫踩在红色的线上，跟着好听的音乐出发吧。 2. 情境导入。 (1) 师：当宝宝走到老师身边时，请双手接住红色套碗。 (2) 师：请端着小珠子继续出发吧。 (3) 师：轻轻地将小珠子放在筐子里，将红色套碗送回家吧。

三、模仿走线

模仿走线和音乐游戏导入方式的走线活动，一般在婴幼儿已经在早期教育机构参与活动一段周期后采用。模仿走线根据模仿对象的特点选择欢快的、节奏鲜明的旋律或儿歌。早教教师引导语的设计要注意能营造情境再现的氛围，引导宝宝在既定的情境中愿意跟随教师模仿各种肢体动作，体验欢乐。音乐游戏导入方式在走线活动运用时，要求选取的音乐要具有代表性，让宝宝感受在不同的节奏型、不同的风格、不同韵味美的音乐中与家长一起游戏的快乐与满足，如《伊比呀呀》《雪绒花》等。教师在设计音乐游戏导入走线时还应考虑宝宝月龄段特点，不宜变化太多，不宜过难过长。

模仿走线	
活动过程	1. 走线介绍。 师：森林要开舞会了,让我们看看谁来参加舞会了。 2. 情境导入。 (1) 师：第一个出场的会是谁呢?(一边说一边模仿小鸟) (2) 师：第一个出场的是小鸟,小鸟翅膀变出来飞一飞。 (3) 师：小兔子一蹦一跳地也出来了……

四、音乐游戏导入

音乐游戏导入	
活动过程	1. 走线介绍。 师：《雪绒花》是一首 $\frac{3}{4}$ 拍子的舞曲,节奏特点是强弱弱,强弱弱。请托抱着您的小宝宝我们一起跳一跳吧! 2. 情境导入。 (1) 教师轻声哼唱旋律带领宝宝和家长翩翩起舞。 (2) 听着音乐进行走线活动,跟随三拍子旋律特点设计动作变化,如不同的方向走一走等。 (3) 听!音乐声渐弱,请慢慢沿着线走回自己的圆点,坐下来,休息一下吧!

走线活动音乐

第二节　问好活动

　　问好活动是指在早教教师的示范引导下,鼓励婴幼儿独自到集体面前,面对所有同伴和家长做自我介绍,大家一起对宝宝的到来表示欢迎的活动。问好活动可以促进婴幼儿的语言表达、社会性等方面的能力发展,一般设置在亲子活动开始的部分。问好环节多由早教教师先做自我介绍的示范,然后请所有来参加亲子活动的婴幼儿依次到前面做自我介绍。城市中的2—3岁的婴幼儿大多居住高楼大厦,多为祖辈看护照养,缺乏与同龄伙伴交往和交流的机会,在亲子活动中有的婴幼儿会出现羞涩、胆怯或不愿意参与集体活动的现象。通过问好活动可以较好地改善这些现状,在锻炼宝宝胆量的同时,提高其社会交往能力和自我认知能力。

　　问好活动的组织形式多种多样,本书主要介绍自然问好、节奏问好、唱名问好和游戏问好4种形式。在问好活动的组织与实施中,每一种问好活动既可以单独使用,也可以组合使用,增加问好活动的趣味性。

视频 3-3

一、自然问好

　　自然问好主要通过早教教师自然的打招呼方式,轻松愉悦地与每一个宝宝互动问好,鼓励宝宝自我介绍。宝宝来早期教育机构参加活动初始阶段一般采用自然问好的方式。如果宝宝不愿意到前面或不愿意进行自我介绍也不勉强,可以由家长回应或替宝宝介绍,做出示范。自然问好营造的是一种舒适放松的氛围,同时给宝宝发出一个信号,小伙伴都来参加活动了,我们要在一起游戏了。

自然问好(1)	
活动过程	师:大家好!我叫萌萌,我是一个小女生,今年两岁半了,希望大家喜欢我,谢谢大家!……

自然问好(2)	
活动过程	师:欢迎大家,我是 Lina 老师,请问这位穿红色外套的宝宝叫什么名字?……

二、节奏问好

节奏问好主要是通过拍打身体不同部位给出稳定的节拍,在一问一答中活跃气氛,带动宝宝情绪,激发宝宝参与活动的兴趣。节奏问好一般由早教教师拍打节奏说前半句,宝宝和家长拍打节奏回应后半句,请出宝宝依次进行自我介绍。节奏问好可以较好地调节气氛,吸引宝宝注意力,互动性较强,深受宝宝和家长的喜爱。

节奏问好(1)	
活动过程	师:宝宝 家长,早上好! 宝宝:Lina 老师,早上好! 师:××的 小手 在哪里? 宝宝:××的 小手 在这里!

节奏问好(2)	
活动过程	师:小手 小手 拍拍,请把 眼睛 藏起来。 师:小手 小手 拍拍,请把 眼睛 变出来。 师:小手 小手 拍拍,请把 嘴巴 藏起来。 师:小手 小手 拍拍,请把 嘴巴 变出来。…… 师:大家好!我是……

三、唱名问好

唱名问好是早期教育亲子活动组织中一种比较常用的问好方式,也可以结合自然问好和节奏问好使用。唱名问好一般是婴幼儿已经在早期教育机构参与活动一段周期后采用。唱名问好可以熟悉自己和朋友的名字,增加宝宝之间的情感与认知,感受友好的集体氛围。在小伙伴们的相互鼓励中建立自信,促进社会性发展。家长要鼓励宝宝参与唱名问好活动,用唱歌的方式,配合拍手、踩脚等动作,鼓励宝宝介绍自己和欢迎小伙伴,在轻松愉悦中相互熟识、增进感情。

唱名问好的组织形式一般先由早教教师唱名问好,唱到的宝宝依次回应,家长鼓励宝宝或与宝宝一起完成唱名问好。例如:早教教师拍手说"×××,你在哪里?欢迎你!"唱到名字的宝宝和家长回应:"我在这里,谢谢你!"接着进行简单的自我介绍后教师继续唱其他宝宝的名字,直到全部宝宝被唱到。唱名问好的歌曲可以使用大家熟悉的旋律,创编或添加不同的内容。

唱 名 问 好	
活动过程	1. 师:乐乐 乐乐 早上好,我们 大家 欢迎你!(用歌曲《小星星》旋律唱出宝宝名字) 2. 唱到名字的宝宝介绍自己。

四、游戏问好

游戏问好是一种比较受宝宝喜欢的问好方式,也可以结合自然问好和节奏问好使用。游戏问好一般是婴幼儿已经在早期教育机构参与活动一段周期后采用。游戏问好可以结合活动主题,使用玩具、布偶、道具等,以游戏的情境进行问好活动,和前后活动环节对应,自然过渡。

游 戏 问 好	
活动过程	1. 布偶小熊自我介绍。 布偶小熊:大家好,我叫×××,我是一个帅气的男生,今年两岁半了,希望大家喜欢我,谢谢! 2. 推球游戏找朋友。 (1) 布偶小熊:大皮球,真有趣,滚过来滚过去,双手接过大皮球,向大家介绍你自己。 (2) 布偶小熊:大皮球,真有趣,快快回到我这里。 (3) 布偶小熊——将大皮球滚到宝宝身边。 3. 宝宝依次介绍自己。

第三节　语言活动

众所周知,0—3岁是婴幼儿语言发展的关键期,早期教育亲子活动中的语言活动是指向婴幼儿语言发展、以提升0—3岁婴幼儿语言倾听与理解、表达与交流、欣赏与阅读能力发展设计的亲子活动。本书重点阐述2—3岁婴幼儿语言活动组织与实施。也就是说,早教教师针对2—3岁婴幼儿年龄特点、语言发展规律、语言学习的特殊性,通过儿歌、手指游戏、故事、早期阅读等多种方式,创设让婴幼儿想说、敢说、愿意说的语言交流环境,让婴幼儿多渠道理解语言、获得语言经验、学习表达的亲子活动。同时,指导家长在了解2—3岁婴幼儿语言发展水平及特点基础之上,用科学的方法和途径,在日常生活中帮助和促进婴幼儿语言发展。

有研究者指出2—3岁是语言学习的关键期,这一阶段的婴幼儿会在语言表达和理解方面快速发展,抓住这一最佳时机对婴幼儿进行语言的训练能够为其语言的继续良好发展打下坚实的基础。[①] 2—3岁是婴幼儿积极的语言表达时期,他们对自己熟悉的事物尤其是与其生活密切相关的玩具、食物、小动物等感兴趣,能引发他们表达的愿望和积极性,在生活情境中提升口语表达能力。因此,设计语言活动的内容应是孩子们熟悉的生活化的素材,这样有利于他们的语言交流、表达和提升。2—3岁婴儿语言教育目标汇总如下。

活动目标	年龄目标:2—3岁
倾听与理解	• 能分辨不同事物发出的声音。 • 能理解简单的行为要求。 • 能执行两个不相关的指令。 • 能理解除被动句和双重否定句以外的各种句型。 • 能理解多数常用词汇(如名词、动词、形容词等)。 • 能理解故事的主要情节。

---

① 秦旭芳.0～3岁亲子教育活动指导与设计[M].北京:中国人民大学出版社,2017.8

续　表

表达与交流	● 积极地运用简短的语句与别人交谈。 ● 能说出自己的姓名、年龄、性别。 ● 对本民族语言或方言发音基本清楚。 ● 会使用礼貌用语。 ● 能叙述简单事件。 ● 能用简单的语句回答别人的问题。 ● 能看图说话。 ● 能说5—6个词的复杂句子。 ● 会使用名词、动词、形容词、代词、副词、连词、介词、量词等各类词汇,词汇量达1000个。 ● 能积极主动地学习新词和新句型。 ● 基本掌握口头语言,能运用语言与人进行交往。
欣赏与阅读	● 会背诵几首儿歌。 ● 能看懂单页单幅图画的主要内容。 ● 喜欢看书,能按顺序听成人讲述或独立阅读图画书上的故事。 ● 能理解故事的主要情节(如人物、事件、经过、结果)。

(资料来源:杨春华,张远丽.婴儿语言指导活动设计与组织[M].北京:科学出版社,2015.)

语言活动		故事:脏脏的小猪
活动目标	婴幼儿发展目标	1. 能理解故事的主要情节变化,学习说故事中的对话。 2. 激发宝宝尝试自己做事情的兴趣,培养自理能力。
	家长指导目标	1. 在与宝宝进行故事讲述时,应创设温馨、安全的心理环境。 2. 引导宝宝观察画面,鼓励宝宝大胆回答问题。
活动准备		故事大书《脏脏的小猪》。
活动时间		5分钟。
活动过程 视频3-4		1. 观察封面,介绍书名。 师:今天,我们一起听故事《脏脏的小猪》。 2. 讲述故事。 (1) 有感情地讲述故事。 (2) 设计提问和宝宝互动。 师:妈妈为什么不喜欢小猪? 3. 亲子时光。 (1) 家长和宝宝一起享受故事时光。 (2) 和宝宝模仿故事中的角色进行互动游戏,练习对话。 附故事内容: 小脸脏脏的,妈妈不喜欢。身上脏脏的,爸爸不喜欢。小手脏脏的,小猫不喜欢。洗个澡,真干净。大家一起笑呵呵!
亲子指导		25—30个月的宝宝喜欢重复阅读同一个故事。应注意选取故事的内容应是婴幼儿熟悉的、与生活经验相关的,面积较大、颜色鲜艳的,双面单幅画面、情节具有重复性的故事。可以和宝宝一起在生活情境中练习故事中的对话,帮助宝宝理解并提升口语表达能力。
家庭活动延伸		回到家里,家长和宝宝讲讲故事《脏脏的小猪》,可以学说故事中的句子并运用在实际生活中。如:在宝宝主动洗澡或主动完成一件事情时,要模仿故事中的对话对宝宝的行为予以肯定。

第四节　认知活动

皮亚杰的儿童认知发展理论是 20 世纪最广泛而持久影响的心理学理论之一。目前仍然是最广泛地被用来分析、研究婴儿思维（认知）发展的有效理论，能够使我们对婴儿思维的发展过程有一个比较清晰的认识。根据皮亚杰的认知发展阶段论，0—2 岁婴幼儿处在感觉动作期，这个阶段的婴幼儿主要通过感官、肌肉与环境交互作用认识世界。2—7 岁的年龄段处于前运算阶段，2—3 岁的婴幼儿阶段，正处于前运算阶段初期。把握婴幼儿认知发展特点，对亲子活动设计与组织实施有以下几点启示：在人生最初的 3 年，人类主要依靠感知觉认识世界，感知觉是认知结构中最重要的部分，所以感知觉是婴幼儿阶段认识世界的主要方式。感知觉发展迅速，成为孩子获取外界信息的主要渠道。[①] 无意感知是婴幼儿感知的主要特点，意味着他们的学习方式是"自发的""随意的"，随时受到外界的影响。我们要尊重婴幼儿发展的差异性，以他们易于接受的方式，按照月龄段的发展特征和各个感官的发展敏感期设计亲子活动；2—3 岁婴幼儿以无意注意为主，注意发展水平低。我们应该了解这个年龄段注意力的特征，不轻易打断宝宝专注的活动，发现宝宝的兴趣点，鼓励宝宝坚持完成既定小任务，有意识培养宝宝的时间观念，将无意注意转为有意注意；2—3 岁婴幼儿在模仿、认知、观察、语言等方面能力有所增强，开始有了一定的有意记忆，但记忆保持时间较短。我们通过游戏模仿、讲述好听的故事后回答问题、帮助家人做一些力所能及的小事情、完成一个小任务、游戏活动"什么东西不见了"等有趣的游戏活动培养宝宝对事物的记忆和分辨能力。

思维是人脑对客观现实间接的、概括的反映，它反映的是客观事物的本质及规律性联系。思维是在感知基础上实现的理性认识形式。婴幼儿思维能力的发展特点具有直观性和行动性、初步的概括性和间接性、行动缺乏计划性和预见性、自我中心化。[②] 我们从分类、序列、空间、时间、表征 5 个方面设计适合婴幼儿思维能力发展的活动。遵循由简单到复杂、由低到高，循序渐进的原则，结合婴幼儿目前的成熟度和其能力发展的"最近发展区"，确定认知发展目标，对婴幼儿进行早期的、科学的思维训练。婴幼儿认知活动的组织与实施应注意以每一个孩子原有的发展水平，在认知目标和准备的游戏材料方面有层次性，要充分调动婴幼儿多种感官和学习兴趣，创设问题情境，提高发现问题和解决问题的能力，在探索和操作中培养婴幼儿的思维能力。以"生活即教育"的大教育观对家长展开指导，让家长树立"生活中处处皆教育"的理念，鼓励启发宝宝在探索中解决问题的能力。早教教师在认知活动实施过程中要注重亲子操作活动的指导，要体现针对性。避免生硬的知识型灌输，在"玩中学"中促进婴幼儿的全面发展。

认知活动：汽车嘀嘀叭		
活动目标	婴幼儿发展目标	1. 了解生活中常见的汽车的名称和用途，丰富对事物的认识。 2. 能将图片和生活中观察到的事物发生联系。 3. 培养宝宝仔细观察的习惯及生活经验迁移的能力。
	家长指导目标	1. 引导观察，并和宝宝一起讲一讲图片中自己喜欢的汽车。 2. 用简洁语言描述，丰富宝宝的生活经验。
活动准备		生活中常见的汽车卡（大图卡和小图卡），小汽车、大卡车、公共汽车、出租车等。
活动时间		6 分钟。

① 赖新丽.0—3 岁婴幼儿亲子活动设计与指导[M].武汉：武汉大学出版社，2016.9.
② 同上.

续　表

活动过程	1. 谈话导入。 师：说一说自己是坐什么车来的？（小汽车等） 2. 观察认知（大图卡）。 (1) 师：这是什么车？（公共汽车） (2) 师：公共汽车来了，我们要排队上车，看！公共汽车里有很多的座位。 3. 拓展认知。 师：请说一说自己喜欢的交通工具。（名称、用途） 4. 亲子时间（小图卡）。 师：翻看小图卡，说一说你知道的交通工具吧！
亲子指导	25—30 个月的宝宝能够认知生活中常见的交通工具，能分辨它们的用途和主要的不同之处。观察图片后，家长可以问宝宝：这是什么车？什么颜色？你坐过吗？并模仿一下汽车的声音，提高认知能力。
家庭活动延伸	在生活中会遇到很多不同的汽车，宝宝如果很感兴趣，家长就应该从兴趣点入手，让宝宝观察并区分，锻炼宝宝的观察能力和记忆力。

第五节　艺术活动

　　婴幼儿的艺术活动在 2—3 岁的早期教育亲子活动中主要有音乐活动、美术活动两种形式。艺术教育可以提升婴幼儿的审美能力，培养婴幼儿感受美、表现美、创造美的能力，对婴幼儿来说是其表达对世界美的认知和情感的途径和方式之一。

　　音乐活动是一种非常有艺术感染力的审美教育，通过音乐欣赏、感受音乐、表演音乐等音乐审美活动，使婴幼儿充分体验音乐中的美和情感，从而产生强烈的共鸣。[①] 对于 2—3 岁婴幼儿来说，音乐活动的开展以韵律、歌唱、音乐游戏、音乐欣赏和乐器演奏等形式为主。在 2—3 岁婴幼儿的音乐活动设计中，我们常常将音乐欣赏融入每一次音乐活动中，主要通过韵律活动、歌唱活动、音乐游戏或乐器演奏，引导婴幼儿倾听音乐，初步感知乐曲的旋律、节奏及乐曲风格，培养其节奏感和音乐表现力，同时亦能愉悦身心，陶冶情操，增进亲子感情，激发婴幼儿创造力的潜能等。早教教师应引导家长关注到音乐活动能有效促进宝宝听觉神经发育，促进宝宝专注力提升，培养节奏感等方面的作用。在生活中应多鼓励宝宝参与音乐活动，引导宝宝多倾听不同风格的音乐，运用肢体与语言结合、乐器演奏等方式表达对音乐的理解与感受，提升其艺术表现力，为开启美好的一生奠定良好的基础。

　　2—3 岁婴幼儿美术活动的开展主要以美术欣赏、绘画和手工形式为主。要注意的是设计美术欣赏活动时应符合婴幼儿年龄特点和生活化的特点。美术欣赏体现在每一节美术活动的开始部分对范例或美的事物的欣赏和活动结束前对宝宝作品的点评之中，让婴幼儿在潜移默化中陶冶情操，在感知中提升审美能力。在绘画活动中，应采用简单的绘画工具、安全无毒的绘画颜料、生活中方便取材的辅助材料等，让绘画活动的家庭延伸活动也能顺利进行，提高婴幼儿运用色彩、线条、形状等进行创造的能力。手工活动形式多样，有拓印、撕贴、印染、滚画等，作画材料如需废旧材料的再次利用，一定要确保材料消毒、处理和加工改造的安全性和实用性。生活中运用废旧材料进行美术活动可以激发婴幼儿建立初步环保意识，为家庭延伸活动开展手工活动提供创意思路和指导方法。除此之外，美术活动还应拓展到大自然中，多维度发展婴幼儿动手操作能力及审美创造力。

---

① 秦旭芳.0～3 岁亲子教育活动指导与设计[M].北京：中国人民大学出版社，2017.8

音乐活动：小小乌龟爬山坡（乐器演奏）		
活动目标	婴幼儿发展目标	1. 学习歌曲，体验歌曲活泼、欢快的节奏。 2. 使用小乐器为歌曲伴奏，感受旋律节奏美。
	家长指导目标	1. 指导宝宝敲击单响筒，有节奏地进行演奏。 2. 引导宝宝注意倾听歌曲，和宝宝一起感受歌曲的快乐。
活动准备	单响筒、课件、音乐。	
活动时间	12分钟。	
活动过程 视频3-5	1. 动画导入。 师：这是谁啊？（小乌龟）小乌龟要去爬山坡，它一边爬一边唱歌。让我们来听听它唱了什么。 2. 欣赏歌曲。 （1）师：小乌龟唱了什么啊？ （2）师：小乌龟爬山坡的时候要带什么呢？ 3. 节奏练习。 （1）师：听着音乐有节奏地轻轻拍打宝宝的肩膀。 （2）师：现在小乌龟在垫子上爬一爬吧！家长按节奏拍手，小乌龟爬一爬。 4. 亲子游戏。 师：请妈妈把双手握紧变成拳头当作小乌龟，宝宝们当小山坡，小山坡有高有低，宝宝可以坐着，可以躺下来，也可以趴下来……大家准备好，小乌龟开始爬山坡咯！（教师清唱） 5. 乐器演奏。 家长唱歌，按节奏拍打宝宝的肩膀处，宝宝使用单响筒进行演奏，为小乌龟加油。	
亲子指导	31—36个月的宝宝可以运用多种小乐器伴奏及模仿小动物的动作进行游戏活动，在有趣的音乐律动中发展音乐感受力。	
家庭活动延伸	继续玩一玩《小乌龟》的音乐游戏活动，让宝宝感受歌曲欢快的节奏。	

美术活动：送给妈妈的小花（超轻黏土）		
活动目标	婴幼儿发展目标	1. 继续巩固团圆、压扁技巧，锻炼宝宝手部小肌肉的灵活性。 2. 做朵小花送给妈妈，表达对妈妈的爱，增进亲子情感。
	家长指导目标	1. 鼓励宝宝独立制作小花送给妈妈，体验成功的快乐。 2. 与宝宝有效互动，增强教育能力，体验做父母的成就感。
活动准备	超轻黏土，蓝色垫板。	
活动时间	10分钟。	
活动过程 视频3-6	1. 情境导入。 师：母亲节到了，我们制作一朵小花送给我们的妈妈吧！ 2. 示范讲解。 （1）三个方位介绍超轻黏土。 师：今天我们要用超轻黏土制作一朵小花送给妈妈。 （2）先取出红色超轻黏土，三个方位介绍"红色"，示范三指捏取出超轻黏土，手心相对轻轻地团圆，我们用它当作花托。（动作要慢） （3）再取一块黄色超轻黏土，手心相对轻轻团圆，我们用它来做花瓣。（4个） （4）用同样的方法做花心。 （5）教师手心相对把团圆好的花托、花瓣和花心压扁。 （6）师：我们把花托、花瓣和花心组合在一起，一朵小花就制作完成了。 3. 亲子创作。 教师观察并提醒家长不要替代，让宝宝独立完成作品。 师：宝宝们为妈妈做的小花真美，送给妈妈的时候要说一句悄悄话"妈妈我好爱你"。	

续 表

亲子指导	31—36 个月的宝宝已经具备团圆、压扁的技能,家长应积极创设有趣的游戏情境,参与宝宝的泥塑活动,在反反复复练习中,有效提高宝宝的手部肌肉的灵活性。有的宝宝团圆技能掌握不好,家长要有耐心,可以握住宝宝的小手练习画圆圈的动作教宝宝团圆手法和技能,但不要完全代替孩子操作。
家庭活动延伸	家长可以用面团代替超轻黏土在家里继续进行游戏,同样可以锻炼宝宝的双手配合和手眼协调,激发宝宝积极参与美术活动的乐趣。

第六节 动作发展活动

当代众多的理论和实践研究证明,婴幼儿时期是人的许多基本动作产生和发展的关键期。从出生起就对婴儿进行科学、系统的动作训练,不仅有助于最大限度地开发人的动作发展潜能,更有利于促进婴儿身心素质的全面和谐发展,为其今后一生的发展奠定良好的基础。[①] 随着大脑皮质功能逐渐发育以及神经髓鞘的形成,婴幼儿动作发展日趋完善,动作发育的规律是:由上而下,由近而远,由不协调到协调,由粗大到精细。早期教育亲子活动的组织与实施中,动作发展活动包括粗大动作和精细动作的发展。

一、粗大动作活动

早期教育亲子活动中的粗大动作活动,主要是根据 2—3 岁婴幼儿大肌肉动作发展的特点设计与实施的。在感觉统合大动作训练的基础上,结合主题活动的内容和活动的材料,设计相应的游戏活动,从而促进婴幼儿大肌肉动作的发展和平衡协调能力的提高,同时锻炼婴幼儿探索能力、创造力,培养其勇敢精神。[②] 大运动活动在早期教育亲子活动中亦称之为粗大动作,帮助家长了解婴幼儿肢体发展的特点和规律,认识婴幼儿早期感知与运动的关系。[③] 把握婴幼儿走、跑、跳、攀爬等基本动作发展的关键阶段,陪伴宝宝在日常生活中进行适宜的、多种形式的亲子运动游戏,促进婴幼儿身体平衡和动作协调能力的发展。

早期教育亲子活动中的粗大动作活动的设计以游戏情境为主,结合训练器材对婴幼儿进行钻爬、走、跳、跨、投掷、平衡等游戏活动。让婴幼儿走、跑、跳、爬等大运动能力得到充分锻炼和发展,通过操作游戏材料和参与游戏活动积累各种感知经验,使婴幼儿的感知能力和运动能力协调发展。锻炼婴幼儿的专注力和意志品质,提高婴幼儿参与集体活动的兴趣。

粗大动作活动:送礼物(钻爬)		
活动目标	婴幼儿发展目标	1. 掌握手膝爬行的动作,增强手臂的支撑力和腰腹肌的力量。 2. 提高动作的协调性,激发对体育活动的兴趣。 3. 培养宝宝对他人的关爱之情。
	家长指导目标	1. 观察了解宝宝钻爬的动作发展情况,根据情况延伸练习。 2. 用积极的情绪鼓励宝宝完成较为困难的动作,体验运送的快乐。

---

① 唐大章,唐爽. 婴儿动作指导活动设计与组织[M].北京:科学出版社,2015.2.
② 叶钟. 0~3岁婴幼儿亲子主题活动指导与设计[M].福州:福建人民出版社,2017.4.
③ 华爱华,茅红美. 聪明宝宝从这里起步.粗大动作[M].上海:少年儿童出版社,2012.10.

续　表

活动准备	热身舞蹈音乐,阳光隧道(长度以 120 cm 为宜),仿真石头,触觉步道,大象礼物筐,方块兔子的礼物筐,仿真点心。
活动时间	10 分钟。
活动过程 视频 3-7	1. 热身运动。 播放音乐,跟随音乐活动全身。 2. 情境导入。 师:今天大象要给方块兔子送礼物,可是大象准备的礼物太多了,我们来帮大象送礼物吧! 3. 游戏玩法介绍。 (1) 师:宝宝们,我们要从这边开始出发(起点),先踩着小石头(巩固)、钻爬过阳光隧道(重点技能)、走过触觉步道(巩固),在大象准备的礼物筐里选一个礼物送给方块兔子。 (2) 每一次我们帮助大象送一件礼物,别忘对方块兔子说"生日快乐"。 4. 亲子游戏。 师:要注意过阳光隧道时不要和前面的宝宝挨得太近。 5. 讲评鼓励。 布偶方块兔子:今天我收到这么多礼物,真开心! 谢谢能干的宝宝们。
亲子指导	31—36 个月的宝宝喜欢帮助别人做一点事情,证明自己长大了,是个能干的小宝宝。我们设计"送礼物"的游戏,重点练习了钻爬的技能,设置钻过阳光隧道的环节可以锻炼宝宝手臂的支撑力和腰腹肌的力量。设置"送礼物"的游戏情境,让宝宝通过努力,将礼物送给好朋友方块兔子,体验送礼物的快乐,培养关爱他人的情感,激发孩子快乐的情绪体验。在游戏中,提醒宝宝排队进行游戏,不争不抢,建立一定的游戏规则意识。在游戏过程中,我们请家长陪伴在宝宝身边,给宝宝一种安全感,让宝宝放松参与体育活动,体验游戏活动的快乐。
家庭活动延伸	在家中也可以利用废旧纸箱,为宝宝制作高低不同的山洞,体现游戏难度的递进性,可以发展宝宝钻、爬等动作。

二、精细动作活动

　　精细动作发展又称为"指尖的智慧开发"。民间常说"心灵而手巧",婴幼儿时期的精细动作发展会让宝宝"因手巧而心灵"。2—3 岁婴幼儿正处在手部精细动作发展的关键时期,成人应帮助他们掌握相关的精细动作技能,发展训练手眼协调能力,鼓励宝宝用自己成长的速度与方式在游戏活动中获得乐趣与经验。除此之外,也应帮助父母了解婴幼儿双手动作发展的特点和规律,充分理解婴幼儿手眼协调发展的重要性,掌握婴幼儿手部动作发展的关键阶段,提供适宜的玩具、材料以及日常生活中多种形式的亲子游戏,引导、支持婴幼儿从抓握动作、双手协调配到手指日趋灵巧的发展过程。[1]

---

[1] 华爱华,茅红美. 聪明宝宝从这里起步. 粗大动作[M]. 上海:少年儿童出版社,2012.10

精细动作发展应通过操作多种游戏材料,在精心设计的、有针对性的、循序渐进的亲子游戏活动中,让婴幼儿的手部精细动作获得充分发展,锻炼婴幼儿手部动作的灵活性和精准度。婴幼儿只有熟练运动他们的双手,才能更好地促进大脑思维的发展。婴幼儿的专注力、探索力等也都是在这个环节中体现出来的。

在组织与训练2—3岁婴幼儿精细动作活动时,我们常用的教学具及相关训练技能如下。

(1) 嵌板类:锻炼五指抓、三指捏、二指捏等技能。

(2) 舀倒类:锻炼手眼协调和使用工具的技能。

(3) 敲击类:锻炼手腕的灵活性和控制能力。

(4) 穿珠类:练习手部小肌肉群的控制能力,培养坚持性。

(5) 切切类:练习双手配合能力,增加生活常识,加强安全意识。

(6) 垂钓类:控制手臂能力,培养宝宝专注力。

(7) 乐高类:培养创造性、想象力。

除以上常用的教学具外,有时还会涉及日常生活用品类和作业纸类等。

精细动作活动的开展适宜比较安静的氛围,早教教师应积极创设安全、有趣、丰富的游戏环境。教学具应多采用方便在家庭延伸活动中取材、具有生活化、环保性质的材料。要善于指导家长学会将现实生活中的游戏材料设计多种玩法,引发宝宝操作兴趣,吸引宝宝更专注地进行游戏。2—3岁婴幼儿的精细动作活动的开展还包含秩序感的建立,通过操作活动,帮助宝宝建立必要的规则意识,包括不干扰别人游戏活动、不做危险行为和动作、不破坏游戏材料、物品归位、摆放整齐等,还要在规定时间中培养宝宝的时间秩序感。早教教师应在精细动作游戏活动的组织与实施中,规范宝宝的游戏行为,在最近发展区促进宝宝发展,受益终身。

精细动作活动:交通工具认知板		
活动目标	婴幼儿发展目标	1. 提高拇指食指的配合能力,锻炼小肌肉群的发展。 2. 增强对各种交通工具的认知能力。 3. 培养秩序感。
	家长指导目标	1. 家长引导宝宝模仿各类交通工具的声音。 2. 学会指导宝宝练习三指捏的方法。
活动准备	交通工具认知板(小抓手嵌板)。 	
活动时间	15分钟。	
活动过程	1. 教师以标准的姿势取学具。 (1) 教师分三个方位介绍学具名称:交通工具认知板。 (2) 教师把学具从操作盘中取出摆放。	

续 表

视频 3-8	2. 示范操作。 (1) 三个方位示范三指捏的动作。 (2) 三指捏住小抓手,将其从嵌板中取出,依次按从左到右顺序排列。 3. 三阶段教学法。 (1) 命名。 师:喊嚓,喊嚓,这是火车,火车,火车。 (2) 辨别。 师:宝宝告诉老师,这是飞机吗? (3) 发音。 师:这是什么交通工具呢? 4. 整理学具。 (1) 将学具按从左到右的顺序依次放回嵌板中,边放边点头肯定动作是正确的。 (2) 师:东西从哪里拿,送到哪里去。 5. 向家长介绍活动目标及家庭活动延伸。 6. 亲子操作,教师巡回指导。
亲子指导	25—30 个月的宝宝手指肌肉尚未发育成熟。在活动中,让宝宝使用三指捏练习捏拿的技能,促进手指精细动作的发展。通过操作"交通工具认知板"活动,认知不同的交通工具。家长在家中可以利用类似的玩具继续进行练习。陪伴中尽量放手让宝宝独立操作,如宝宝有困难需要帮助,可先引导宝宝观察图形的形状,再尝试一一嵌入。
家庭活动延伸	回家后,可以提供类似的玩具让宝宝继续练习,也可以将图形的顺序打乱让宝宝先进行指认后再一一嵌入。

第七节 再见活动

早期教育亲子活动每一个环节都非常重要,再见活动也不例外。再见活动的组织在每一次亲子活动结束之前,早教教师播放不同的再见音乐,与每一个宝宝拥抱道别,在愉快的氛围中结束本次活动,相约下一次活动准时参加。再见活动让宝宝在与老师相互拥抱中,在耳边的悄悄话中感情变得更加亲密,快乐的体验进一步提升。再见活动时宝宝之间相互道别,也为宝宝的群体交往提供良好的氛围,为社会性发展创造了条件。

要注意的是再见活动使用的音乐、舞蹈不要频繁更换,建议三个月更换为宜。再见舞蹈如《宝宝,再见》《Say goodbye,泰迪熊》等都深受宝宝和家长的喜爱。再见环节结束还要伴随早教教师简要温馨的提示或家庭教育延伸活动的指导要点,然后在熟悉的再见音乐声中,结束活动。

每一次再见音乐响起,意味着亲子活动进入了尾声,但宝宝活动的热情往往还依然保持高涨。最享受的就是每次和宝宝挥挥手说再见时,宝宝们柔柔的小脸贴住自己的面颊,给老师一个告别的小拥抱,宝宝还会伸出小手指和老师拉个勾,相约下次见。温馨的再见环节为亲子活动画上圆满的句号。

再 见 活 动	
活动目标	以愉快的方式结束课程,给宝宝留下一份好印象。
活动准备	音乐《再见歌》。
活动时间	3 分钟。
活动过程	教师和宝宝、家长一起跟随音乐跳再见舞蹈。

续　表

亲子指导	家长引导宝宝和老师一起跳再见舞蹈后,主动和老师拥抱一下说"再见",增进与老师的亲密感,发展宝宝社会性情感。
家庭活动延伸	在家里,可以经常播放音乐和宝宝一起跳跳舞,培养宝宝的音乐节奏感。

视频 3-9　　　　　　再见活动音乐

第四章

25—30个月亲子活动设计

第一节 亲亲篇

主题说明

主题"亲亲篇"在内容上贴近婴幼儿的生活,围绕"家"展开系列亲子游戏活动。家是宝宝最熟悉的地方,是宝宝最重要、最亲切的生活环境。通过设置生活化的情境,收集温馨的全家福照片,讲一讲照片中和家人的故事,带宝宝学习家的儿歌、故事,把自己的家庭成员替换到新学的歌谣中,和家人一起动手玩一玩喜欢的玩具等活动,让宝宝认识一家人之间的关系,感受家人一起生活的甜美。在这个主题脉络中延伸出的系列亲子活动,凸显家长的主体参与性、宝宝的核心活动性、游戏的真实生活场景性,有效地增进亲子关系的亲密度。

一、我爱我家

（一）走线活动

	托物走线——托抱走线	
活动目标	婴幼儿发展目标	1. 在托抱走线时与家长配合,尝试主动与小伙伴打招呼。 2. 稳定情绪,喜欢参加亲子活动。
	家长指导目标	托抱走线时注意和宝宝轻声交流,关注宝宝情绪变化并及时作出反应。
活动准备	轻缓柔美的音乐。	
活动时间	3分钟。	
活动过程	1. 走线介绍。 （1）师:接下来是我们今天的第一个活动——走线。 （2）师:在垫子上有红色的线,请跟着老师沿着线走一走。 2. 情境导入。 （1）师:在走线的过程中,家长朋友用"安全环抱"的姿势,一只手托住宝宝的臀部,另一只手扶住宝宝的胸腹部。准备好了吗? （2）师:亲爱的妈妈们,你们经历了十月怀胎的辛苦,终于一朝分娩得到了这么健康又可爱的宝贝,我想你们一定付出了很多心血陪伴宝宝成长。今天我们在这里相识,说明每一位妈妈都是重视孩子教育的,我要把一个大大的赞送给妈妈们。 （3）师:现在可以轻轻地摇一摇,让宝宝感受在家长怀抱中的舒适和温暖。 （4）师:现在让我们侧身走,让我们的宝宝们彼此熟悉一下吧!	

续　表

	（5）师：让我们相邻的两个宝宝们互相打个招呼吧！ （6）请带着宝宝到小红点的位置坐下来。	
亲子指导	这是宝宝第一次参加亲子活动，建议家长托抱走线，和小伙伴儿互相打招呼，熟悉走线的活动。	
家庭活动延伸	托抱走线活动适合月龄较小的宝宝，如果初次参加亲子活动，可以采用托抱走线来熟悉走线活动，安定情绪，增进亲子感情。	

（二）问好活动

自 然 问 好		
活动目标	婴幼儿发展目标	1. 尝试大胆地介绍自己的小名。 2. 发展初步的社会交往能力。
	家长指导目标	鼓励宝宝介绍自己的小名，观察宝宝的情绪反应，可以替代宝宝做自我介绍。
活动准备	玩具娃娃。	
活动时间	5分钟。	
活动过程	1. 自然问好。 师：（出示玩具娃娃）"大家好！我叫乐乐，希望大家喜欢我，谢谢大家！" 2. 宝宝自我介绍。 请宝宝依次进行自我介绍。（也可以不到前面介绍） 3. 大家唱欢迎歌。 师："××你好，××你好，欢迎你，欢迎你，我们大家拍手，我们大家拍手，欢迎你，欢迎你！" $1=D\ \frac{4}{4}$ 1 2 3 1 ｜ 1 2 3 1 ｜ 3 4 5 — ｜ 3 4 5 — ｜ 5. 6 5 4 3 1 ｜ 5. 6 5 4 3 1 ｜ 7 2 1 — ‖	
亲子指导	如果宝宝不愿意进行自我介绍请不要勉强宝宝，应多给宝宝一些鼓励。在别的宝宝进行自我介绍的时候，请保持安静，耐心倾听，培养宝宝好习惯。	
家庭活动延伸	在家里可以鼓励宝宝进行自我介绍，多创造机会使之与同龄的宝宝交流，为建立初步社会性发展创造条件。	

（三）认知活动

我 爱 我 家		
活动目标	婴幼儿发展目标	1. 能指认全家福中家庭成员，能按照家庭成员的年龄排序。 2. 发展自我认知能力，初步建立自我概念。
	家长指导目标	结合宝宝的排序情况判断孩子对于年龄认知的水平。
活动准备	全家福照片，家庭主要成员（如爷爷、奶奶、爸爸、妈妈、哥哥、姐姐、宝宝）的单张照片各一张。	
活动时间	10分钟。	

活动过程	1. 欣赏全家福。 (1) 师：宝宝们，请你向大家介绍一下，你的全家福照片上都有谁呢？ (2) 宝宝依次介绍全家福照片。 2. 排序游戏。 (1) 师：和爸爸妈妈说一说照片里的人是谁？ (2) 师：看一看，找一找，把你们家里年龄最大的人找出来。 (3) 师：现在把你们家年龄最小的找出来。 (4) 师：把家里所有人排排队吧！ 3. 亲子时间。 和宝宝讲一讲照片里的故事吧！
亲子指导	年龄认知具有一定的抽象性，对于25—30个月的宝宝我们通过游戏情境设计，让宝宝在熟悉的家人中寻找年龄最大和年龄最小的，感知年龄的大小不同。在家长帮助下完成排序游戏，逐渐建立对年龄的认知意识和能力。如果宝宝不能独立完成排序，家长应该给予正确的指导和示范。宝宝将照片中的人和真实的家人一一对应，发展象征性思维。
家庭活动延伸	1. 在家里和宝宝一起玩一玩家人站队、发玩具的游戏，让宝宝判断家长的年龄差异。 2. 带宝宝经常看一下家里的影集，通过观察照片中宝宝及家人的成长变化，感知年龄和时间的关系，建立、巩固和家人的依恋关系。

（四）语言活动

	儿歌：《我有一个幸福的家》	
活动目标	婴幼儿发展目标	1. 会说简单的儿歌，且发音基本正确。 2. 了解自己的家庭成员组成，尝试把更多的家人编进儿歌里。
	家长指导目标	1. 熟悉儿歌内容时，要注意孩子的发音，尽量纠正不清楚的发音，练习说清楚每个字。 2. 表演儿歌时的表情和动作可以适当夸张，引起宝宝兴趣。
活动准备	儿歌《我有一个幸福的家》，全家福照片，家人照片。	
活动时间	12分钟。	
活动过程	1. 情境导入。 师：听了你们照片里的故事，我很想送一首儿歌给你们。 2. 欣赏儿歌。 (1) 教师一边拍手一边朗诵《我有一个幸福的家》。 (2) 师：左手代表爸爸，右手代表妈妈，他们在一起就是个温暖幸福的家。（表演儿歌） 3. 亲子时间。 (1) 和宝宝一起合作表演儿歌。 (2) 师：你的家里还有谁？（尝试创编） **附儿歌**：我有一个幸福的家，有爸爸，有妈妈，还有我这个小娃娃。	
亲子指导	25—30个月的宝宝开始关注家里有谁，在家人的帮助下熟悉家庭每一个成员的简单情况。通过欣赏宝宝成长影集，让宝宝了解自己的成长经历，感受在成长过程中家人给予的关爱，激发初步爱的情感。家长在朗诵儿歌时，表演的动作可以夸张一点，便于宝宝观察、模仿。	
家庭活动延伸	回到家中，家长可以继续和宝宝一起说儿歌，鼓励宝宝把儿歌说给其他家庭成员听。说儿歌时，要注意宝宝的发音是否清晰。熟悉儿歌后，鼓励宝宝替换儿歌中人物的名称，为家人表演儿歌。这不但可以让宝宝了解家庭成员，还可以帮助宝宝发现同类型儿歌可以进行迁移改编的特点。	

（五）动作发展活动

		精细动作活动：图形镶嵌盒	
活动目标	婴幼儿发展目标	1. 练习三指捏的动作，尝试匹配，感知里、外的方位。 2. 培养好奇心，锻炼手眼协调能力。	
	家长指导目标	1. 相信宝宝有能力独立完成，不打扰宝宝的活动。 2. 耐心陪伴宝宝游戏，给予适度的引导帮助。	
活动准备	图形镶嵌盒。 		
活动时间	12 分钟。		
活动过程	1. 出示图形镶嵌盒。 师：这是图形镶嵌盒。三方位介绍（从左到右，语速适中）。 2. 示范操作。 （1）师：这是图形宝宝的家，你听。（教师摇晃镶嵌盒） （2）教师三方位从左到右示范三指捏的动作。依次将圆形、方形、三角形嵌入图形宝宝的家（镶嵌盒里）。 3. 亲子时间。 （1）家长观察宝宝游戏，不干扰。 （2）教师做短时停留并给予必要的语言指导。		
亲子指导	25—30 个月的宝宝已经开始理解"里""外"的方位，喜欢探索洞洞，喜欢尝试将物品塞进洞洞里。在图形镶嵌盒的操作中，家长可以先观察再根据宝宝操作需要引导：认识颜色—认识形状—寻找—放入，循序渐进发展宝宝的相关能力。		
家庭活动延伸	在家中，可以利用一些废旧的纸箱，设计不同形状、大小的洞洞，将报纸球或积木块嵌入洞洞里，锻炼宝宝匹配能力和手眼协调能力。		

（六）再见活动

		再 见 活 动
活动目标	婴幼儿发展目标	发展初步社会交往能力，增进同伴之间的熟识度。
	家长指导目标	和宝宝一起参与舞蹈，激发宝宝参与再见环节的兴趣。
活动准备	歌曲《再见歌》。	
活动时间	3 分钟。	
活动过程	教师、宝宝和家长一起跟随音乐跳《再见歌》舞蹈。 附歌曲：伸伸小手，伸伸小手，点点头！伸伸小手，伸伸小手，说再见！	
亲子指导	25—30 个月的宝宝可以在熟悉的音乐中边唱边跳，家长可以鼓励宝宝和老师一起跳。	
家庭活动延伸	回到家里继续带着宝宝一起跳一跳《再见歌》的舞蹈。	

家园合作（信息推送）

尊敬的家长朋友，您好！本周我们进行了主题"亲亲篇"，我们在内容选择上贴近宝宝生活，围绕"家"展开系列亲子活动。今天我们和宝宝进行了"我爱我家"亲子活动。家是宝宝最熟悉的地方，是宝宝最重要、最亲切的生活环境。通过收集温馨的全家福照片，讲一讲照片中家人的故事，带宝宝学习了儿歌《我有一个幸福的家》，让宝宝尝试把家庭成员替换到学习的歌谣中，我们还一起进行了图形镶嵌盒等活动。在家中，建议您可以继续和宝宝一起围绕"家"的话题开展游戏活动，例如：可以利用一些废旧的纸箱，设计不同形状、大小的洞洞，将报纸球或积木块嵌入洞洞里，锻炼宝宝匹配能力和手眼协调能力。

活动随笔

从观察中找问题

活动回顾

今天的精细活动是操作"图形镶嵌盒"。教师进行示范之后，宝宝再进行操作。在巡回指导时，观察到欢欢在为一块三角形图形找家，他一只手拿着图形镶嵌盒，一直朝一个方向转动，另一只手拿着三角形却总是找不到图形宝宝的家。因为镶嵌盒是立体的，有六个面，其中三角形就在盒子的底部，所以欢欢一直找不到。看着他焦急的表情，我靠近他的身边，用手示意了镶嵌盒的顶部和底部："试一试朝不同的方向转一转。"欢欢看了我一眼，试着转动镶嵌盒，终于找到了三角形图形的家，脸上露出轻松的笑容。

欢欢在操作中遇到困难是正常的，我一边心里想一边继续观察其他宝宝。我发现操作困难的宝宝还有几个，而且有的宝宝因为总是找不到图形的家而丧失了对活动的积极性，不再继续尝试。

活动后，我们从活动目标的设定及示范时的方法是否得当回顾和思考，根据宝宝们出现的问题，我们将活动目标简化为：让宝宝认识各种图形，并逐一将所有图形送回相应的位置。在示范时，我们将图形镶嵌盒拆开，平面拼组在垫子上，让宝宝仔细观察后，将每一种图形送回到相应的位置。通过平面观察、辨认、归位的图形的活动，我们再让宝宝进行镶嵌盒的立体操作，通过一拆一组合的活动后，宝宝游戏持续时间增加很多，对图形镶嵌盒的反复操作次数明显增加，巩固了宝宝获得的相关能力，建立自信心。

活动所思

这次指导图形镶嵌盒的活动，让我感受颇多。作为早教教师，预设的目标应该建立在婴幼儿已有的认知发展水平之上。我们应该多思考，在观察中查找问题，及时调整，给予宝宝适宜的指导与帮助，让活动既科学可行，又循序渐进，吸引孩子参与活动。指导家长了解该阶段宝宝的能力，在家中也要继续进行相关游戏练习，提升宝宝精细动作发展水平。

二、相亲相爱

（一）走线活动

模 仿 走 线		
活动目标	婴幼儿发展目标	锻炼方向感。
	家长指导目标	主动参与扮演角色，为宝宝做好示范。
活动准备	轻柔的音乐。	
活动时间	3分钟。	

活动过程	1. 走线介绍。 (1) 师：接下来是我们今天的第一个活动走线。 (2) 师：请宝宝踩着垫子上的红色线，家长踩着垫子的边线走一走。 2. 情境导入。 (1) 师：今天的走线活动，请家长和宝宝手拉手，我们来模仿小鸡的一家。 (2) 师：请变出小鸡的翅膀走一走。 (3) 师：请变出大公鸡的鸡冠走一走。 (4) 师：……
亲子指导	25—30 个月的宝宝，身体的协调性正逐步增强。建议家长带领宝宝缓慢行走以保持身体的平衡，跟随口令变化模仿动作，训练宝宝的专注力。
家庭活动延伸	建议家长和宝宝经常欣赏一些舒缓优美的音乐，培养宝宝对音乐的感受能力。

（二）问好活动

自 然 问 好		
活动目标	婴幼儿发展目标	能用完整的语句大胆地介绍自己小名和年龄，发展初步的社会交往能力。
	家长指导目标	在宝宝自我介绍出现畏难情绪时，家长不要急躁，要耐心帮助宝宝或一起介绍。
活动准备	玩具娃娃。	
活动时间	5 分钟。	
活动过程	1. 自我介绍。 师：(出示玩具娃娃)大家好，我叫乐乐，今年两岁了，希望大家喜欢我，谢谢大家！ 2. 鼓励宝宝一一进行自我介绍。 3. 大家唱欢迎歌。 师："××你好，××你好，欢迎你，欢迎你，我们大家拍手，我们大家拍手，欢迎你，欢迎你！" $$1=D \ \frac{4}{4}$$ 1 2 3 1 ｜ 1 2 3 1 ｜ 3 4 5 — ｜ 3 4 5 — ｜ 5. 6 5 4 3 1 ｜ 5. 6 5 4 3 1 ｜ 7 2 1 — ‖	
亲子指导	25—30 个月的宝宝应该熟悉自己的小名，在自我介绍活动中引导宝宝说出自己的小名和年龄，愿意主动大胆介绍自己，感受交往的快乐。如果宝宝不愿意进行自我介绍请不要勉强宝宝，应多给宝宝一些鼓励。	
家庭活动延伸	在家里可以鼓励宝宝进行自我介绍，也可以多与同龄的宝宝交流，为宝宝建立初步社会性发展创造条件。	

（三）语言活动

故事：《小鸡的一家》		
活动目标	婴幼儿发展目标	1. 能够说出故事中的量词"一只""一个"。 2. 通过模仿故事中的量词练习说生活中的量词。
	家长指导目标	练习说量词时宝宝会出现不正确的现象属于正常，家长给予正确的示范。

活动准备	故事课件,母鸡图片。
活动时间	10分钟。
活动过程	1. 欣赏故事。 师:今天的故事非常有趣,名字叫《小鸡的一家》,小鸡的一家有谁呢?(出示图片)我们一起听一听吧! 2. 模仿角色。 (1) 师:(播放课件)这是谁啊?(公鸡)那它是怎么样说话的呢?…… (2) 师:一只公鸡一个窝,一只小鸡叫叽叽……(练习说量词) 3. 亲子游戏。 (1) 爸爸妈妈讲故事,宝宝模仿故事中不同角色发音。 (2) 亲子互动说量词游戏。家长做动作,宝宝说"一只公鸡"…… **附故事:** 一只公鸡是这样说话的:"喔喔喔,喔喔喔……" 一只母鸡是这样说话的:"咯咯哒,咯咯哒……" 公鸡对母鸡说:"喔喔喔,喔喔喔,我想有一个窝。"母鸡说:"咯咯哒,咯咯哒,我也想有一个窝。"公鸡和母鸡就这么甜甜蜜蜜地一起生活了。 母鸡每天下一个鸡蛋,母鸡开始孵蛋了。啊,一只小鸡出壳了!两只小鸡出壳了……小鸡是这样说话的:"叽叽叽,叽叽叽……" 公鸡、母鸡和小鸡就这样快快乐乐地生活在一起!
亲子指导	25—30个月的宝宝可以在日常生活中练习说量词。量词有较固定的搭配,宝宝练习说量词可以培养初步的逻辑思维能力。
家庭活动延伸	在日常生活场景中,经常引导宝宝观察并练习说量词,也可以收集有数量的生活用品图片,贴在墙面上帮助宝宝练习。量词具有较强的逻辑性,可以帮助宝宝更加准确地描述见到的物品与数量之间的关系。

(四) 艺术活动(音乐)

音乐活动:小鸡的一家(韵律)		
活动目标	婴幼儿发展目标	1. 熟悉歌曲旋律,尝试跟着音乐进行韵律活动。 2. 模仿动物的动作和叫声,感受歌曲的韵律和节奏变化。
	家长指导目标	1. 参与韵律活动,和宝宝一起享受韵律活动的欢快。 2. 对宝宝的模仿给予赞赏,激发宝宝参与活动的兴趣。
活动准备	公鸡、母鸡、小鸡的图片,歌曲《小鸡的一家》。 歌曲《小鸡的一家》	
活动时间	12分钟。	
活动过程	1. 情境导入。 师:宝宝们,快听!小鸡的一家正在唱歌(播放歌曲)。 2. 欣赏音乐。 (1) 师:真好听!再听一次吧! (2) 师:(再次欣赏音乐)边听歌曲边按节奏轻轻拍打宝宝的肩膀。 3. 韵律时间。 (1) 师:请大家手拉手围成一个大大的圆圈,听着音乐走一走。	

	(2) 教师出示公鸡图片,大家模仿大公鸡动作(母鸡、小鸡)。 4. 亲子游戏。 (1) 家长模仿公鸡,宝宝围着家长走一走,学大公鸡叫一叫。 (2) 猜一猜,这是谁?
亲子指导	25—30 个月的宝宝喜欢在音乐中模仿。我们将歌曲设计了几个有趣的模仿游戏,包含让宝宝看动作猜一猜、做一做、叫一叫等环节,体验音乐的韵律活动快乐。
家庭活动延伸	通过韵律活动"小鸡的一家",让宝宝感受韵律活动的乐趣。建议家长周末带宝宝去动物园,引导宝宝观察小动物,聆听它们的叫声,学一学它们的样子,培养宝宝喜欢小动物、亲近大自然的情感。

(五) 艺术活动(美术)

美术活动:圆圆的鸡蛋(绘画)		
活动目标	婴幼儿发展目标	1. 学习使用炫彩棒绘画封口圆。 2. 锻炼手部肌肉群的力量和协调能力。
	家长指导目标	1. 观察宝宝完成封口圆的绘画情况。 2. 了解宝宝现有的握笔绘画的水平,给予适当帮助。
活动准备	炫彩棒,画有母鸡的画纸。 	
活动时间	12 分钟。	
活动过程	1. 情境导入。 师:这是一只母鸡妈妈,正在孵蛋宝宝。看,一个圆圆的鸡蛋。 2. 示范封口圆。 教师示范三次封口圆的画法。 3. 亲子创作。 观察宝宝握笔完成封口圆的绘画情况,给予适当帮助。 4. 教师观察指导。 教师观察并提醒家长不要替代,让宝宝独立完成作品。	
亲子指导	家长应鼓励宝宝自己握笔绘画封口圆,帮助母鸡妈妈画出很多很多的蛋宝宝。观察宝宝完成情况,给予肯定与赞美。	
家庭活动延伸	25—30 个月的宝宝喜欢到处画一画,沙发、墙面上有时会被宝宝弄脏,家长应该意识到宝宝涂鸦的重要价值所在,而不是简单地制止或批评。在家里,可以为宝宝提供自由涂鸦区(瓷砖墙面、废旧纸箱、用粉笔在户外画等),引导宝宝进行自由涂鸦的游戏,发展宝宝手部小肌肉的控制及协调能力。	

（六）再见活动

再 见 活 动	
活动目标	以愉快的方式结束课程,与宝宝相约下一次活动。
活动准备	歌曲《再见歌》,公鸡、母鸡、小鸡头饰。
活动时间	3分钟。
活动过程	家长、宝宝自选一个头饰,变成小鸡的一家,围成圈,跟随音乐《再见歌》跳舞。
亲子指导	在再见过程中,家长鼓励宝宝找一个小伙伴一起跳。
家庭活动延伸	回家后,小宝宝为其他家庭成员表演再见舞。

家园合作（信息推送）

尊敬的家长朋友,您好！今天我们和宝宝开展了亲子活动"相亲相爱",宝宝听了故事《小鸡的一家》,和家长分角色做了韵律游戏"小鸡的一家",在美术活动"圆圆的鸡蛋"中,帮助母鸡妈妈添画了圆圆的鸡蛋宝宝,主要目的是让宝宝练习画封口圆。回到家里您可以和宝宝一起继续练习,画一画小鸡蛋,还可以为小鸡蛋涂上好看的颜色哦！建议在宝宝绘画纸上画一只母鸡(或剪贴),画面会更形象！在家里可以和宝宝开展类似的亲子活动,感受和家人在一起的生活甜美,有效地增进亲子关系的亲密度。

活动随笔

几易其稿只为宝宝欢喜

活动回顾

今天我以一种几近兴奋的状态享受地完成了亲子活动的组织。从最初的活动设计,经过琢磨,反复修改,几易其稿,细推细节。仅仅音乐选择方面,我们都反反复复,最后确认这一首欢快的歌曲。因为我们在教研时发现原来选择的歌曲比较嘈杂,节奏不欢快,不易于宝宝欣赏。我们约定分头再去寻找相关歌曲,最后一致通过确定了这首旋律优美、节奏欢快的歌曲《小鸡的一家》。这首歌曲形象生动、活泼欢快,符合宝宝的接受水平。在环节的设计中,加入欣赏音乐的同时,通过听、学、叫、做等模仿小鸡一家(母鸡、公鸡、小鸡),和家长一起创编韵律和圆圈舞,使得今天的韵律活动变得丰富有趣,宝宝和家长们也玩得非常开心！

活动所思

活动结束后,我们总结出在环节的设计方面遵循该年龄阶段宝宝的特点,营造了有趣的游戏情境,激发宝宝参与活动的兴趣,在学一学、猜一猜等游戏活动中,和家长建立了亲密的亲子感情。这一切都是反反复复琢磨的结果,我们愿意在这种深度琢磨中成长,为了设计出宝宝和家长都喜欢并有所收获的活动案例。

第二节 滚 滚 篇

主题说明

　　2—3岁的宝宝对交通工具的"嘀嘀叭叭"和"轰隆轰隆"很感兴趣。马路上各种各样的汽车、自行车、电动车,自己的踏板车、小推车、碰碰车,天上的飞机和轨道上行驶的火车等,都吸引着宝宝的眼睛。车子的外型、车子的声音、滚个不停的轮子,都会吸引宝宝,引发遐想。通过朗朗上口的短小儿歌、边唱边互动的亲子游戏等方式让宝宝知道身边的交通工具的用途和不同;知道过马路时看见红灯要停下来,看见绿灯才可以走……引导宝宝建立基本的安全常识、遵守交通规则等。在和爸爸妈妈一起学小火车钻山洞时的欢声笑语,就是见证宝宝成长最好的证明。

一、嘀嘀叭叭

（一）走线活动

模 仿 走 线		
活动目标	婴幼儿发展目标	仔细听指令走或停,锻炼身体控制能力。
	家长指导目标	观察宝宝的听指令反应,做适当语言提示。
活动准备	轻柔的音乐,呼啦圈,红、绿灯指示牌。 	
活动时间	3分钟。	
活动过程	1. 走线介绍。 师:瞧!老师手里拿着方向盘,让我们一起听着音乐开始今天的走线吧! 2. 情境导入。 (1) 师:一个挨着一个,排成长长的车队。 (2) 师:在走线的过程中请大家保持安静,仔细听信号指令。 (3) 师:红灯亮了,大家停下来。 (4) 师:绿灯亮了,调整方向侧身走一走。	
亲子指导	25—30个月的宝宝身体的控制能力进一步增强,通过游戏情境可以在走线活动中带着宝宝练习走或停。	
家庭活动延伸	在家中也可以和宝宝一起摆放各种交通工具的玩具,设计停车场,玩一玩红绿灯的游戏,培养宝宝初步的规则意识和安全意识。	

（二）问好活动

	自 然 问 好	
活动目标	婴幼儿发展目标	1. 知道自己的全名,用"我"来表示自己。 2. 能用完整的语句大胆地介绍自己的全名。
	家长指导目标	鼓励宝宝介绍自己的全名。
活动准备	玩具娃娃。	
活动时间	5分钟。	
活动过程	1. 教师自我介绍。 师:大家好! 我是丽娜老师,希望大家喜欢我,谢谢大家! 2. 乐乐自我介绍。 乐乐:大家好! 我叫乐乐,希望大家喜欢我,谢谢大家! 3. 宝宝自我介绍(介绍自己的全名)。 4. 大家一起唱欢迎歌。 师:"××你好,××你好,欢迎你,欢迎你,我们大家拍手,我们大家拍手,欢迎你,欢迎你!" 1=D $\frac{4}{4}$ 1 2 3 1 | 1 2 3 1 | 3 4 5 - | 3 4 5 - | 5. 6 5 4 3 1 | 5. 6 5 4 3 1 | 7 2 1 - ‖	
亲子指导	25—30个月的宝宝知道自己的全名,会用"我"来表示自己。在生活中多鼓励宝宝向新认识的朋友介绍自己的全名。如果宝宝愿意进行自我介绍要及时给予宝宝肯定。	
家庭活动延伸	可以带着宝宝出去走一走,多与同龄的宝宝交流,鼓励宝宝介绍一下自己的全名,为宝宝社会性的发展创造条件。	

（三）认知活动

	汽车嘀嘀叭	
活动目标	婴幼儿发展目标	1. 了解生活中常见的汽车的名称和用途。 2. 能将图片和生活中观察到的事物联系起来。 3. 培养仔细观察的习惯及生活经验迁移的能力。
	家长指导目标	1. 引导观察,并和宝宝一起讲一讲图片中自己喜欢的汽车。 2. 用简洁的语言描述,丰富宝宝的生活经验。
活动准备	生活中常见的汽车卡(大图卡和小图卡),小汽车、大卡车、公共汽车、出租车等。	
活动时间	10分钟。	
活动过程	1. 谈话导入。 说一说自己是坐什么车来的。(自行车、公共汽车、小汽车等) 2. 观察认知(大图卡)。 师:这是什么车?(公共汽车) 师:公共汽车来了,我们要排队上车。看! 公共汽车里有很多座位。 3. 拓展认知。 师:请说一说自己知道的或喜欢的交通工具。(名称、用途) 4. 亲子时间。 师:翻看小图卡,说一说你知道的或喜欢的交通工具吧!	

亲子指导	25—30个月的宝宝能够认知生活中常见的交通工具,能分辨它们的用途和主要的不同之处。观察图片后,家长可以问宝宝:这是什么车? 什么颜色? 坐过吗? 模仿一下汽车的声音,提高认知能力。
家庭活动延伸	在生活中会遇到很多不同的汽车,宝宝如果很感兴趣,家长就应该从兴趣点入手,让宝宝观察并区分,锻炼宝宝的观察能力和记忆力。

（四）艺术活动(音乐)

音乐游戏:小汽车		
活动目标	婴幼儿发展目标	1. 掌握音乐游戏的节奏,能跟随音乐进行游戏。 2. 在游戏中能遵守游戏规则,增强倾听能力。
	家长指导目标	1. 根据音乐的节奏正确拍打节拍,让宝宝感知节奏。 2. 生活中创设游戏氛围,帮助宝宝建立遵守游戏规则的意识。
活动准备	呼啦圈,红绿灯指示牌,歌曲《小汽车,嘀嘀嘀》。 歌曲《小汽车,嘀嘀嘀》	
活动时间	12分钟	
活动过程	1. 导入环节。 师:请家长盘起双腿变成小摇篮,宝宝坐在小摇篮里。 2. 节奏练习。 (1) 师:倾听音乐,跟着节奏轻轻拍打宝宝的肩膀。 (2) 师:跟着音乐做动作,双手握紧方向盘准备开车吧! 3. 亲子游戏。 (1) 师:(教师出示红、绿信号灯指示牌)请小司机按照信号灯行驶小汽车。 (2) 师:请家长和宝宝们手握呼啦圈一起开小汽车。(中间穿插红绿灯游戏)	
亲子指导	25—30个月的宝宝能辨别红色和绿色。玩信号灯的游戏时,宝宝根据红灯、绿灯来控制自己的小汽车速度和方向,在欢快的节奏中游戏,潜移默化学习歌曲,掌握旋律。在活动中,家长要引导宝宝观察红灯、绿灯的指示标志,开车时遵守交通规则。	
家庭活动延伸	在生活中,可以带着宝宝观察路边的信号灯,继续和宝宝创设不同的情境进行游戏,如:宝宝的小汽车行驶到十字路口,家长要以游戏的口吻提醒小司机需要减速等。在生活中,家长也要遵守交通规则,给孩子树立榜样!	

（五）艺术活动(美术)

美术活动:车轮滚滚(拓印)		
活动目标	婴幼儿发展目标	1. 自由拓印车轮轨迹,感受运用颜料进行自由创作的奇妙。 2. 激发对自由创作的兴趣。
	家长指导目标	1. 鼓励宝宝尝试用不同的车轮进行拓印活动。 2. 欣赏作品,给予宝宝鼓励。
活动准备	自制贴有楼房、游乐场等标志图的作画盒(衬衣纸盒),调色盘,各种颜料,小汽车玩具。	
活动时间	12分钟。	

续　表

活动过程	1. 游戏导入。 师:(出示作画盒)看,这里是我家,这里是游乐场。嘀嘀,今天小汽车要在这里散步。 2. 示范拓印。 (1) 师:哇,小汽车留下的印迹真好看。(教师示范拓印方法) (2) 师:车轮滚上颜色,让小汽车带你去散步。 (3) 师:换不同的小汽车去散步,你也试试吧! 3. 亲子创作。 师:宝宝在玩小汽车玩拓印游戏时,爸爸妈妈不要干扰宝宝,可以让宝宝自由拓印。 4. 欣赏讲评。
亲子指导	家长观察宝宝自由拓印,不打扰宝宝。欣赏宝宝自由创作,鼓励宝宝用不同的颜色拓印。
家庭活动延伸	在家中可以利用废旧纸箱等物品制作作画盘,鼓励宝宝继续玩拓印游戏。颜料要选择安全无味的,可以用大一些的盘子调色,注意调色时不要太稀释,以免影响拓印效果。

(六)再见活动

再 见 活 动	
活动目标	以愉快的方式结束课程,给宝宝留下好印象。
活动准备	歌曲《再见歌》。
活动时间	3分钟。
活动过程	教师邀请宝宝以及家长朋友们一起站起来,跟随音乐一起跳再见舞蹈。舞蹈结束后,教师要对宝宝说:"嘀嘀叭叭,下课了。路上要看红绿灯哟!"
亲子指导	鼓励宝宝跳完舞蹈后,主动和老师拥抱一下说"再见"。
家庭活动延伸	回家路上请注意安全,引导宝宝看一看、想一想:路上的小汽车都一样吗?

家园合作(信息推送)

　　尊敬的家长朋友,您好!今天我们在嘀嘀叭叭中度过了一段美妙的时光,我们和宝宝一起认识了生活中各种各样的汽车,知道了它们为我们的生活带来了很多方便和快捷。我们边唱好听的歌曲边玩了红绿灯的游戏,用各种各样的轮子和颜料做了车轮滚滚的拓印画,收获真多!回家的路上,记得开车的时候,你也一定要遵守交通规则,红灯停,绿灯行,黄灯亮了,等一等!其他家庭成员也可以趁着宝宝意犹未尽,也一起开开小汽车吧!还可以请爷爷奶奶来当交通警察指挥交通哦!

活动随笔

从认知经验着手设计活动方案

活动回顾

　　在认知活动"嘀嘀叭叭"中,第一次活动设计以认识特殊用途的车辆为主要内容,活动后发现宝宝并不感兴趣,课堂气氛没有活跃起来,内容对于25—30个月的宝宝难度偏大,宝宝对于特殊用途的车辆认知经验因与他们日常生活不是密切相关而感到陌生、不易理解,内容显得生硬没有趣味性。我们及时对活动进行设计。

　　原设计方案如下:

　　活动目标:观察并了解不同汽车的用途。

活动准备：各种汽车的卡片。

活动过程：

1. 出示麦昆的图片吸引宝宝的注意。

师：宝宝们你们看，闪电麦昆来了，麦昆今天还带来了很多汽车朋友，我们一起看看吧。

2. 认识各种各样的汽车。

（1）师：麦昆今天请来了这么多汽车朋友呀！

（2）（出示房子着火图片）师：哎呀，宝宝们，这里怎么了？小结：消防车可以救火，是红色的。有云梯。

（3）师：宝宝你们听一听这是什么车的声音？（播放救护车的声音）

师：救护车可以运送病人，救护车是白色的，有担架。

（4）师：如果要抓坏人的话，需要什么车？（请宝宝模仿警车的声音，呜哇呜哇呜哇……）

3. 亲子时间。

家长出示图片，宝宝辨认不同的汽车。

新设计方案：（略）

活动所思

本节活动刚开始的设计是通过麦昆的导入，让宝宝认识不同的汽车，而且是生活中的特种车辆：警车、救护车以及消防车，通过介绍车辆的声音、用途、电话让宝宝认识和了解警车、救护车和消防车三种特种车辆。对于本年龄阶段的宝宝来说，认识特种车辆比较困难，活动显示宝宝的兴趣不高。活动后，我们及时就活动情况进行了反思和教研，针对宝宝这个年龄段对于自己生活中比较常见的车辆会更加感兴趣的特点，我们对教案以及课件重新进行了设计与调整。新的活动方案从宝宝身边最熟悉的小汽车开始，分别认识了大卡车、公共汽车、出租车等。在活动中，宝宝通过辨认大卡图片的车辆，联系自己的生活经验，进行了有效的知识迁移，好多宝宝主动介绍自己喜欢的汽车，受到了大家的鼓励。我们将本次活动的家庭活动延伸为：在生活中会遇到很多不同的汽车，宝宝如果很感兴趣，家长就应该从兴趣点入手，让宝宝观察并区分，锻炼宝宝的观察能力和记忆力。

二、轰隆轰隆

（一）走线活动

模 仿 走 线		
活动目标	婴幼儿发展目标	能尽快安静下来，融入活动情景之中。
	家长指导目标	观察宝宝的注意力是否集中并用语言轻轻提示。
活动准备	轻柔的音乐。	
活动时间	3分钟。	
活动过程	1. 走线介绍。 师：走线活动时间到了，请家长牵着宝宝的小手，开始走线吧。 2. 情境导入。 （1）师：请跟着舒缓的音乐调整呼吸，享受这美好的亲子时光。 （2）师：请将手臂慢慢打开，像小飞机的翅膀一样，继续走一走。	
亲子指导	25—30个月的宝宝能够自如地边走边模仿各种简单易学的肢体动作。通过模仿小飞机，体验走线活动的快乐。	
家庭活动延伸	在家里也可以有意识地引导宝宝听指令做动作，培养宝宝的模仿能力。	

（二）问好活动

自 然 问 好		
活动目标	婴幼儿发展目标	知道自己的性别,愿意一起参加活动。
	家长指导目标	帮助宝宝在游戏中正确认识自己的性别。
活动准备	男女娃娃各一个。	
活动时间	5分钟。	
活动过程	1. 女娃娃自我介绍。 女娃娃:大家好,我叫 Andy,我是一个女生,希望大家记住我,谢谢。 2. 男娃娃自我介绍。 男娃娃:大家好,我叫 Jake,我是一个男生,希望大家记住我,谢谢。 3. 唱欢迎歌 师:请女宝宝站在女娃娃身边,男宝宝站在男娃娃身边,我们一起拍手用欢迎歌欢迎他们吧!"Andy,Jake,我们大家欢迎你!" $1=C \dfrac{2}{4}$ 1 2 3 | 3 4 5 | 5 6 5 4 | 3 2 | 1 −‖ Andy　　Jake　　我们 大家　欢迎 你	
亲子指导	25—30 个月的宝宝能够正确辨认自己的性别,通过性别辨认游戏,让宝宝建立性别认知的稳定性,知道性别不会因为长大而变化。	
家庭活动延伸	在日常生活中,引导宝宝通过图片,辨认男生和女生的不同之处,建立初步的性别意识。	

（三）艺术活动

音乐活动:小飞机(乐器演奏)		
活动目标	婴幼儿发展目标	1. 感知音乐节奏,了解歌词内容,初步学会使用乐器演奏。 2. 愿意和小伙伴一起演奏小乐器,学会收整小乐器的方法。
	家长指导目标	1. 指导宝宝按节奏敲打小乐器。 2. 感受和小伙伴一起演奏乐器的快乐。
活动准备	小鱼梆子,歌曲《小飞机》。 歌曲《小飞机》	

活动时间	12分钟。
活动过程	1. 欣赏音乐。 师：今天老师带来的歌曲名字叫《小飞机》，家长和宝宝可以跟着音乐轻轻地晃动身体。 2. 感知节奏。 师：再次欣赏音乐，这次请家长把节奏拍打在宝宝的肩膀上，宝宝伸出手跟着老师一起来拍拍手。 3. 乐器练习。 (1) 听听它的声音(咚咚咚)。 师：今天的乐器叫"小鱼梆子"(三个方位介绍)，使用乐器时一只手握住小鱼的尾巴，另一只手握住打棒，用打棒敲击就可以发出声音了。 (2) 宝宝排队，双手取乐器。 (3) 听音乐，看指挥，演奏乐器。 4. 亲子演奏。 (1) 师：宝宝进行乐器演奏，家长唱歌拍手打节奏。(宝宝和家长交换演奏) (2) 送乐器回家。
亲子指导	25—30个月龄段的宝宝，手眼协调能力已经逐步提升，通过演奏乐器锻炼宝宝手眼协调的准确性，对音乐节奏的感受性。如果有宝宝不会使用乐器，家长可以示范演奏方法让宝宝模仿，也可以握着宝宝的手进行演奏。养成认真倾听音乐演奏乐器的好习惯。
家庭活动延伸	家长回家继续和宝宝边唱歌边模仿飞机飞的游戏。在家里，家长可以利用小瓶子装上黄豆等自制小乐器继续进行练习。

（四）动作发展活动（精细动作活动）

精细动作活动：交通工具认知板		
活动目标	婴幼儿发展目标	1. 增加拇指食指的配合能力，锻炼小肌肉群的发展。 2. 增加对各种交通工具的认知能力。 3. 培养秩序感。
	家长指导目标	1. 引导宝宝模仿各类交通工具的声音。 2. 学会指导宝宝练习三指捏的方法。
活动准备	交通工具认知板(小抓手嵌板)。 	
活动时间	12分钟。	
活动过程	1. 教师以标准的姿势取学具。 (1) 教师分三个方位介绍学具名称：交通工具认知板。 (2) 教师把学具从操作盘中取出依次摆放。 2. 示范操作。 (1) 三个方位示范三指捏的动作。 (2) 三指捏住小抓手，将其从嵌板中取出，依次按从左到右的顺序排列。	

续 表

	3. 三阶段教学法。 (1) 命名。 师:喊嚓,喊嚓,这是火车,火车,火车。 (2) 辨别。 师:宝宝告诉老师,这是飞机吗? (3) 发音。 师:这是什么交通工具呢? 4. 整理学具。 (1) 将学具按从左到右的顺序依次放回嵌板中,边放边点头肯定动作是正确的。 (2) 师:东西从哪里拿,送到哪里去。 5. 向家长介绍活动目标及家庭活动延伸。 6. 亲子操作,教师巡回指导。
亲子指导	25—30个月的宝宝手指肌肉尚未发育成熟。在活动中,让宝宝使用三指捏练习捏拿的技能,促进手指精细动作的发展。通过操作"交通工具认知板"活动,认知不同的交通工具。家长在家中可以利用类似的玩具继续进行练习。陪伴中尽量放手让宝宝独立操作,如宝宝有困难需要帮助,可先引导宝宝观察图形的形状,再尝试一一嵌入。
家庭活动延伸	回家后,可以提供类似的玩具让宝宝继续练习,也可以将图形的顺序打乱让宝宝先进行指认后再一一嵌入。

(五) 动作发展活动(粗大动作活动)

粗大动作活动: 开飞机		
活动目标	婴幼儿发展目标	1. 通过游戏强健脖颈肌肉,发展前庭觉。 2. 培养宝宝快乐情绪,发展平衡能力。
	家长指导目标	1. 积极参与游戏,提高宝宝动态平衡控制能力。 2. 用语言和宝宝沟通游戏的玩法,注意宝宝安全。
活动准备	热身运动音乐《棒棒棒》。	
活动时间	10分钟。	
活动过程	1. 热身运动。 师:现在是身体动动动时间,请和我一起动一动吧! 2. 亲子游戏(两种玩法)。 师:开飞机有很多好玩的方法! (1) 第一种玩法。 家长屈膝坐好,宝宝坐在家长的脚背上,家长顺势躺下,同时宝宝的双臂打开,头部向上抬起。熟练掌握后,可以请宝宝从远处跑过来,家长顺势躺下,动作流畅,像飞机起飞一样(飞机起飞了、飞机降落了)。 注意:提醒宝宝的双腿夹紧,头部向上抬起。这种玩法可以锻炼宝宝的脊背力量,强健脖颈肌肉。 (2) 第二种玩法。 宝宝的双腿打开,夹在家长的腰间,手臂打开,家长的双手托在宝宝的腋下。 注意:提醒宝宝游戏时双腿夹紧,头部向上抬起。这种玩法可以锻炼宝宝的腿部力量,发展动态平衡控制能力。	
亲子指导	25—30个月的宝宝在游戏时能用身体假想成其他物体。通过亲子游戏"开飞机",在不同的玩法中体验亲子游戏欢乐氛围。 和宝宝一起做游戏时,家长要根据宝宝的情绪反应和承受能力进行,不要让孩子太疲惫。如果宝宝不愿意要停止游戏,不要强制游戏。	
家庭活动延伸	回家后,可以和家庭其他成员一起玩一玩"开飞机"游戏,增进亲子之间的感情,通过这个游戏锻炼宝宝脊背的力量和前庭觉的发展。家庭成员一起游戏,还可以延伸出更多适合宝宝的游戏玩法,请记得分享哟!	

（六）再见活动

再 见 活 动	
活动目标	以愉快的方式结束课程,尝试和小伙伴相互拥抱说再见,增加亲密度。
活动准备	歌曲《Say goodbye,泰迪熊》。
活动时间	3分钟。
活动过程	大家一起跟随音乐跳《Say goodbye,泰迪熊》的舞蹈。舞蹈结束后请小伙伴们互相拥抱。
亲子指导	25—30个月的宝宝社会性发展逐渐增强,可以采用活动结束后小伙伴们互相拥抱说再见这种方式,增进彼此的感情。
家庭活动延伸	带着小宝宝多认识一些小伙伴,培养宝宝社会性发展。

家园合作（信息推送）

尊敬的家长朋友,您好! 2—3岁的宝宝对身边的交通工具很感兴趣。在今天亲子活动"轰隆轰隆"中,宝宝们动手操作"交通工具认知板",认识了生活中各种各样的交通工具,知道了它们为我们的生活带来了很多的方便和快捷。我们一起使用乐器为《小飞机》演奏,还一起玩了"开飞机"的亲子游戏,增进亲子之间的感情,回家后可以和家庭其他成员一起玩一玩"开飞机"游戏,通过这个游戏锻炼宝宝脊背的力量和前庭觉的发展。家庭成员一起游戏,还可以延伸出更多适合宝宝的游戏玩法,请记得分享哟!

活动随笔

父亲——早期教育中不可或缺的角色

活动回顾

在活动"轰隆轰隆"中,我们和宝宝一起玩了"坐飞机"的游戏,指导宝宝通过游戏强健脖颈肌肉,发展前庭觉;培养宝宝快乐情绪,发展平衡能力。本次共有8组家庭参加亲子活动,其中有两位奶奶、一位爷爷、三位母亲、两位父亲带宝宝参与活动。我们的活动设计为:和宝宝一起玩"开飞机"游戏,游戏有以下两种玩法

（1）第一种玩法。

家长屈膝坐好,宝宝坐在家长的脚背上,家长顺势躺下,同时宝宝的双臂打开,头部向上抬起。熟练掌握后,可以请宝宝从远处跑过来,家长顺势躺下,动作流畅,像飞机起飞一样(飞机起飞了、飞机降落了)。

注意:提醒宝宝的双腿夹紧,头部向上抬起。这种玩法可以锻炼宝宝的脊背力量,强健脖颈肌肉。

（2）第二种玩法。

宝宝的双腿打开,夹在家长的腰间,手臂打开,家长的双手托在宝宝的腋下。

注意:提醒宝宝游戏时双腿夹紧,头部向上抬起。这种玩法可以锻炼宝宝的腿部力量,发展动态平衡控制能力。

在今天的活动中,教师观察发现,由于宝宝的身高和体重有所增加,奶奶、爷爷很难完成我们设计的游戏。母亲的力气不足,游戏简单模仿了一下就没有反复进行。活动几分钟后变成了大家现场观摩两位父亲和小宝宝玩游戏。父亲和宝宝玩得非常开心,力量足够大的父亲把宝宝放在自己的小腿上,抬起来,并且颤动小腿。在开飞机的过程中,和宝宝面对着面,进行了一些夸张的面部表情的引逗,宝宝非常开心而乐此不疲。

活动所思

活动结束后,我的脑海里还在浮现着宝宝和父亲配合开飞机时兴奋的尖叫,而爷爷奶奶带来的宝

宝坐在垫子上无所事事的样子。众所周知,父亲的角色在宝宝成长过程中,特别是在 3 岁之前的成长过程中,起到至关重要的作用,不可或缺。父亲带着宝宝做游戏,特有的力量感和安全感会让宝宝在和父亲的互动游戏中变得更加坚强、勇敢,和父亲一起尝试一些冒险的行为,能进一步体验亲子间亲密的关系等,这些都是母亲或祖辈们无法给予或替代的。

由此,我们在亲子活动组织与实施中,也要充分意识到父亲在宝宝成长中的重要性和不可替代性。对于我们开展的亲子活动设计会有一些思考。比如,在日常生活中,父亲与婴幼儿的相处不同于母亲。母亲更多的时间和精力放在照顾婴幼儿的生活细节方面,而父亲只要有时间则更喜欢与婴幼儿玩游戏。母亲和宝宝在一起时更多的是温柔地搂抱、触摸,多用语言与宝宝交流。父亲和宝宝在一起时则更多的是通过身体动作与宝宝玩耍,如喜欢把宝宝高高举起再放下,把跑走的宝宝抓回来,用柔软的枕头互相打仗等。父亲是婴幼儿重要的游戏伙伴,在婴儿多方面的发展中起着非常重要的影响。父亲经常与宝宝游戏,可以吸引宝宝积极参与并给予宝宝极大的快乐和满足。其次,在与父亲一起的无拘无束、摸爬滚打游戏中,宝宝的活动范围大大增加,视觉感受力大大增强,心理承受能力进一步加强,也能从不同的角度辨别周围、提升认知。更重要的是,宝宝会在与父亲的游戏中,模仿父亲行为,敢于探索,增强自信。

我们是否可以将亲子活动的设计分层次?让每一次参加活动的家长都能和宝宝有适合的互动游戏?是否可以设计一些专门针对父亲和宝宝开展的专项亲子活动,吸引更多家庭重视父亲的角色在婴幼儿成长中的地位和价值?

第三节 游 戏 篇

主题说明

2—3 岁婴幼儿对于游戏的喜爱不言而喻。年龄越小越须用游戏的方式互动,在游戏中熟悉周围的一切,认识周围的世界,建立与他人的关系,掌握生活常识等。本主题以游戏命题,旨在通过歌唱、韵律、朗诵儿歌、手工印染等亲子游戏活动,让宝宝们在游戏中成长,在快乐中成长,保持对亲子活动的兴趣,坚持参加亲子活动。在游戏中家长的指导水平也一点点提升,游戏成就了孩子的未来,在游戏中家长寻找曾经快乐的童年。

一、吱吱喵喵

(一)走线活动

模 仿 走 线		
活动目标	婴幼儿发展目标	1. 发展肢体动作协调能力。 2. 在走线的过程中锻炼身体的平衡能力以及注意力。
	家长指导目标	观察宝宝听指令做动作,引导宝宝保持安静。
活动准备	轻柔的走线音乐。	
活动时间	2 分钟。	
活动过程	1. 走线介绍。 师:接下来是我们今天的第一个活动——走线。 2. 情境导入。 (1) 师:跟着舒缓的音乐慢慢呼吸,享受这样安静的亲子时光。 (2) 师:听,这是谁来了?(吱吱)我们一起学一学小老鼠吧!	

	(3) 师：听,这是谁来了?(喵喵)我们一起学一学小花猫吧! (4) 师：走线活动马上就要结束了,请各位家长带着宝宝像小花猫一样脚步轻轻地回到自己的小圆点上坐下吧!
亲子指导	25—30个月的宝宝喜欢模仿可爱的小动物进行游戏活动,在模仿中可以观察宝宝听指令做动作的技能掌握情况,促进宝宝听指令换动作的能力发展。 建议家长带领宝宝走线的时候提示宝宝要保持安静,倾听指令。
家庭活动延伸	走线活动可以较好地放松宝宝的身心,让宝宝尽快投入活动中。回家以后,家长要有意识地引导宝宝多听舒缓的音乐,培养宝宝稳定的情绪。

（二）问好活动

自 然 问 好		
活动目标	婴幼儿发展目标	安静倾听其他小伙伴的名字,拍手对小伙伴表示欢迎。
	家长指导目标	引导宝宝安静倾听其他宝宝自我介绍,一起拍手表示欢迎。
活动准备	小布熊玩偶。	
活动时间	3分钟。	
活动过程	1. 布熊自我介绍。 布熊玩偶：大家好,我是布偶小熊,我想和你们做朋友。 2. 宝宝自我介绍。 3. 唱欢迎歌。 师：×××好,×××好,我们大家喜欢你,我们拍手,我们拍手,大家一起欢迎你! 1=D $\frac{3}{4}$ $\underline{11}$ $1\dot5$ $\mid$ $\underline{33}$ $\underline{31}$ $\mid$ $\underline{13}$ $\underline{55}$ $\mid$ $\underline{43}$ 2 $-$ $\mid$ $\underline{23}$ $\underline{44}$ $\mid$ ×× 好　×× 好　我们 大家 喜欢 你　我们 拍手 $\underline{32}$ $\underline{31}$ $\mid$ $\underline{13}$ $2\dot5$ $\mid$ $\underline{72}$ 1 $-$ $\parallel$ 我们拍手 大家 一起 欢迎你	
亲子指导	25—30个月的宝宝在不断重复中,可以记住多个同伴的名字,日常中注意强化。当问好活动过程中宝宝随意跑动时,请家长及时地将宝宝抱回身边,耐心引导宝宝倾听其他伙伴的介绍。	
家庭活动延伸	在生活中引导宝宝见到小伙伴大方地介绍自己"你好,我叫×××,很高兴认识你",并尝试记住同伴的名字,锻炼宝宝大胆交往的能力。	

（三）语言活动

儿歌：小老鼠上灯台		
活动目标	婴幼儿发展目标	1. 感知儿歌节奏,尝试边做动作边说儿歌,增强趣味性。 2. 训练宝宝倾听和语言表达能力。 3. 提高身体协调能力,感受游戏带来的快乐。
	家长指导目标	1. 教宝宝循序渐进学说儿歌,感受韵律美。 2. 亲子游戏要积极投入,感染宝宝。
活动时间	12分钟。	

活动准备	老鼠布尾巴若干条。
活动过程	1. 情境导入。 师：吱吱，吱吱，是谁呀？ 师：喵喵，喵喵，是谁呀？ 2. 节奏朗诵。 师：小老鼠，上灯台，偷油吃，下不来。喵喵喵，猫来了，叽里咕噜滚下来！ 3. 动作表现。 师：宝宝伸出小手跟着老师边说儿歌边做动作吧。 4. 亲子游戏。 （1）师：请家长和宝宝面对面坐，妈妈手臂竖起来变成小灯台，宝宝的小拳头握起变成小老鼠，一起表演儿歌吧！ （2）师：现在请"小老鼠"从宝宝的小脚丫往上爬一爬，当说到"叽里咕噜滚下来"时迅速滑落。 （3）师：现在我是大猫，当儿歌最后念到"来"的时候，大猫就会去抓小老鼠，小老鼠一定不能让大猫踩住尾巴，要快跑到妈妈身后躲起来。
亲子指导	25—30个月的宝宝喜欢朗朗上口的儿歌，他们可以很快掌握儿歌中有趣的部分。设计"小老鼠上灯台"的亲子表演游戏，在游戏情境中促进宝宝记住儿歌，可以在念儿歌时配上动作，帮助记忆，增强趣味性。
家庭活动延伸	当宝宝熟悉一首儿歌后，在家中可以鼓励宝宝为其他家庭成员表演，锻炼宝宝的胆量，增强宝宝的自信心。

（四）艺术活动

音乐活动：大猫和小猫（音乐游戏）		
活动目标	婴幼儿发展目标	1. 熟悉歌曲旋律，尝试用声音的强弱、动作幅度的大小表现歌曲。 2. 培养音乐的感受力及倾听能力。
	家长指导目标	1. 积极参与音乐游戏中，增进亲子情感交流。 2. 扮演角色时应夸张一些，激发宝宝参与游戏活动的兴趣。
活动准备	大猫小猫图卡，歌曲《大猫和小猫》。 歌曲《大猫和小猫》	
活动时间	12分钟。	
活动过程	1. 情境导入——激趣。 师：小老鼠为啥叽里咕噜滚下来？ 2. 欣赏歌曲——感受。 师：原来是猫来了！我们一起欣赏歌曲《大猫和小猫》。 3. 声势练习——强化。 （1）师：歌曲中大猫声音是怎么样的？（出示大猫图片）	

	（2）师：歌曲中小猫声音是怎么样的？（出示小猫图片） （3）师：我们听到大猫来的时候用手掌拍一拍；听到小猫来的时候用手指轻轻点一点手心。 4. 亲子游戏——互动。 师：请家长当大猫，宝宝当小猫，一起边唱边表演。 师：还可以学大猫走一走哟！
亲子指导	25—30个月的宝宝能初步理解歌曲中歌词的含义，能辨别大与小，乐意参与用身体表现角色的游戏。在这个阶段，对歌词的理解能力有限，还要依靠具体形象的图片理解。在音乐游戏中，家长用夸张的肢体语言表现"大"与"小"，有助于宝宝分辨大与小的概念，产生积极的情绪体验，激发宝宝参与游戏的兴趣。
家庭活动延伸	回家后，家长扮演角色的时候可以让宝宝用声音区分大小，用模仿形象来区分大小，用模仿走路的样子区分大小等，充分让宝宝形象感知，从而也能形象地进行表演。家庭其他成员一起参与游戏，玩一玩"一群大猫和一只小猫"的游戏，体会亲子游戏的欢乐。

（五）动作发展活动

精细动作活动：套碗		
活动目标	婴幼儿发展目标	1. 按自己喜欢的顺序给物体排序，在套碗排序中认知"大"和"小"，训练逻辑能力。 2. 锻炼双手的配合能力。
	家长指导目标	1. 观察宝宝排序，判断宝宝对于颜色、大小认知掌握情况。 2. 不干扰宝宝活动，适度用语言引导。
活动准备	套碗。 	
活动时间	12分钟。	
活动过程	1. 教师以标准的姿势取学具。 （1）教师分三个方位介绍学具名称：套碗。 （2）教师把学具从操作盘中取出依次摆放。 2. 示范操作。 （1）依次将套碗按从左到右、从大到小的顺序排列。 （2）师：让我们在这里找出一个最大的。 右手食指指出最大的，将其放在左前方。 （3）师：让我们在这里找出一个最小的。 右手食指指出最小的，将其放在右前方。 3. 三阶段教学法。 （1）命名。 师：这是大的，大的。这是小的，小的。 （2）辨别。 师：宝宝告诉老师哪一个是最大的？哪一个是最小的？	

	（3）发音。 教师用手指最小的问：这是什么样子的？ 4．整理学具。 将套碗按从小到大的顺序套好。 师：东西从哪里拿，送到哪里去。 5．向家长介绍活动目标及家庭活动延伸。 6．亲子操作，教师巡回指导。
亲子指导	25—30个月的宝宝思维呈具体形象思维，要借助教学具或游戏操作材料理解大与小的概念，并在游戏中不断反复练习，获得具体直观的体验。套碗游戏可以进行排序训练，根据套碗的颜色、大小不同来练习。
家庭活动延伸	家长可以引导宝宝观察生活中的大和小，让宝宝进行比较、说说大和小。还可以根据宝宝兴趣，提供高低、大小、粗细不同的物体进行排序游戏。可以先引导宝宝区分物体间的不同，让宝宝找出最大、最小或最长、最短的，最后再学习排序，排序的数量可以由少到多逐渐增加。

（六）再见活动

再 见 活 动	
活动目标	以舞蹈的方式结束课程，给宝宝愉快的体验。
活动准备	舞蹈《再见歌》。
活动时间	4分钟。
活动过程	教师、宝宝及家长一起跟随音乐跳起舞蹈《再见歌》。
亲子指导	在再见过程中，引导宝宝学大猫的样子跳舞，和老师拥抱说再见，增加愉悦的体验。
家庭活动延伸	回到家里和宝宝一起学大猫、小猫的样子跳舞，增加趣味性。

家园合作（信息推送）

尊敬的家长朋友，您好！2—3岁婴幼儿对游戏的喜爱不言而喻。在"吱吱喵喵"活动中，我们设计了一系列游戏活动：在走线活动中模仿小花猫、小老鼠，锻炼宝宝的身体平衡能力和肢体协调能力；通过音乐游戏"小老鼠上灯台"让宝宝在扮演游戏中快乐成长，保持对亲子活动的兴趣；通过指导宝宝操作套碗玩具，在排序中认知"大""小"。生活中家长可以继续引导宝宝观察、对比生活中的大和小，还可以根据宝宝兴趣，提供高低、大小、粗细不同的物体进行排序游戏。指导时先引导宝宝区分物体间的不同，让宝宝找出最大、最小或最长、最短的，最后再学习排序，排序的数量可以由少到多逐渐增加。关于小猫和大猫的游戏除了我们一起玩的还有很多，在家里别忘记和宝宝一起游戏。

活动随笔

一只操作盘引发的思考

活动回顾

片段一：今天的主题活动"吱吱喵喵"中精细动作活动是"套碗"游戏。操作时间到了，宝宝们排队取操作盘，这时一个小女生取出操作盘后，一转身操作盘"哗啦啦"散落一地，我一边帮助宝宝把地上散落的套碗捡起来，一边安慰宝宝说："没关系的，下次要把操作盘端平！"我话音还没落，接二连三的"哗啦啦"随之而来……

片段二：最后两节亲子活动的时候，连续好几个宝宝将操作盘里的套碗撒落，柠檬班的琪琪还被奶奶指责："你看看你怎么这么笨，盘子都端不好……"琪琪一脸的委屈和不开心，接下来的操作活动琪琪情绪一直低落。

经过观察发现,宝宝由于年龄比较小,不知道盘子的重心在哪里,小手抓在盘子的一边,导致重心不稳,盘子里的东西自然会散落在地上。是否可以在操作盘上做出特殊的标记? 比如,利用即时贴做出一双小手贴在盘子的中间位置上,这样宝宝可以更加形象地、更加明确地知道小手要端在操作具体位置了。

回到家里我就拿着笔画起来,初步设计后,将模板剪下来,尝试放在操作盘上,拿给其他老师看:"哇哦,好大的一只手,这是爸爸妈妈的手吗?"一句话让我想到原来总感觉怪怪的是因为手画得太大了。的确是教研时经常说的我们应当多用"孩子的眼光看问题"。

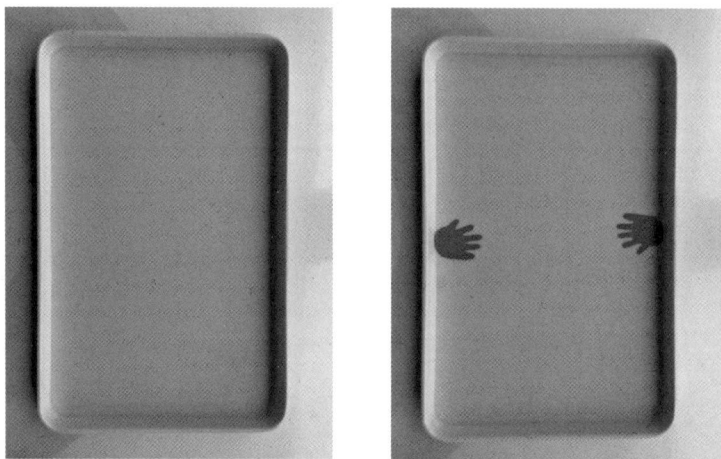

图 4-1 "小手抓托盘"设计

于是我又重新画了起来,并且用这个年龄段宝宝喜欢的红色来设计"小手",将红色"小手"贴在操作盘的两侧。期待着宝宝端着红色小手的操作盘,稳稳地不再撒落。

接下来的几天有美术活动"粘贴小火车",宝宝双手握在操作盘"小手"的位置,没有出现撒盘的情况。现在宝宝取放操作盘的时候也显得更加轻松了。让我欣喜的同时我会继续通过观察,从小事着手,从宝宝的角度去看待问题,相信一定会有更多的惊喜源源不断地涌现。

二、干干净净

(一) 走线活动

托 物 走 线		
活动目标	婴幼儿发展目标	锻炼身体的平衡能力以及注意力发展。
	家长指导目标	让宝宝能尽快安静下来并融入活动中。
活动准备	小方巾,轻柔的音乐。	
活动时间	2分钟。	
活动过程	1. 走线介绍。 师:接下来是我们今天的第一个活动——走线。 2. 情境导入。 (1)师:请跟着舒缓的音乐走到老师面前取一条小方巾,继续走一走。 (2)师:小小方巾手中拿,我的方巾举起来。 (3)师:小小方巾手中拿,我的方巾藏起来。 (4)师:小小方巾手中拿,请把方巾送回来。	

亲子指导	建议家长走线的时候提示宝宝要保持安静,倾听优美的音乐变换动作。
家庭活动延伸	回家以后,可以有意识地引导宝宝在生活中做一个小帮手,帮助家长取放一些物品送到指定位置。

(二)问好活动

自 然 问 好		
活动目标	婴幼儿发展目标	1. 安静倾听其他宝宝自我介绍,尝试记住两个及以上同伴姓名。 2. 感受大家对自己的喜爱与认同。
	家长指导目标	鼓励宝宝乐于参与问好活动,在活动中大胆表现自己。
活动时间	3分钟。	
活动过程	1. 教师自我介绍。 师:大家好!我是××老师,希望大家喜欢我,谢谢大家!下面我想邀请×××到前面来介绍一下自己。 2. 宝宝依次自我介绍。 宝宝:大家好!我叫×××,希望大家喜欢我,谢谢大家!我想邀请×××。	
亲子指导	25—30个月的宝宝开始关注身边的人,学会用拍手表示赞美,发展宝宝的社会性。家长要引导宝宝对主动自我介绍的同伴鼓掌欢迎。这样小小的行为,会让宝宝学会赞美,更重要的是帮助宝宝表达对他人的喜爱。	
家庭活动延伸	家长带领宝宝外出,自己要主动向周围的人打声招呼,鼓励宝宝也要大声问好,练习礼貌用语。	

(三)艺术活动(美术)

美术活动:印染小手帕(手工)		
活动目标	婴幼儿发展目标	1. 学习掌握印染画的创作方法,大胆尝试操作。 2. 培养对美术活动的兴趣,发展创造性思维能力。
	家长指导目标	1. 鼓励宝宝尝试不同的折法。 2. 观察宝宝操作过程并给予适度的帮助。 3. 培养和提升家长的印染水平,更好地在家庭中进行指导。
活动准备	面巾纸,颜料,棉签。 	
活动时间	14分钟。	

活动过程	1. 情境导入。 师：今天我们要给小手帕穿上漂亮的衣服。 2. 示范讲解。 (1) 示范两指捏的动作。 (2) 师：捏住纸巾的两个小角，然后折叠，小角和小角亲一亲，然后轻轻地按一按。 (3) 师：再对折，折成三角形。 (4) 示范三指捏的动作，"蘸一蘸"魔法水，没有蘸到的地方可以使用小棉签点一点。 (5) 慢慢地打开铺平在报纸上。(家长协助) 3. 亲子时间。 教师观察并提醒家长尽量不要替代，让宝宝独立完成作品。 4. 作品欣赏。 师：带着你的小手帕我们一起拍照吧！
亲子指导	25—30个月的宝宝很难做到折叠整齐，家长要给予宝宝充分动手操作的机会，根据宝宝的需要和能力水平，给予适度的引导和帮助。比如，在蘸颜料的时候家长要给予提醒，不要蘸太多的颜料。印染后，在打开手帕时动作要轻柔，不能急躁，家长可给予适当的帮助。对于完成的作品一定要赞赏和肯定，让宝宝有成功的体验。
家庭活动延伸	手帕印染能让宝宝充分感知印染画润色的特点和纹理美。印染的颜料采用红、黄、蓝亮丽鲜明的颜色。通过折叠、晕染完成作品，宝宝会觉得非常惊喜。印染画这种创作方式满足了宝宝的好奇心，激发了宝宝的思维想象，同时锻炼了宝宝手部的灵活性。

（四）艺术活动（音乐）

音乐活动：小毛巾（韵律活动）		
活动目标	婴幼儿发展目标	1. 熟悉歌曲的旋律，尝试跟着节奏用动作表现歌曲内容。 2. 体验模仿及参与游戏的快乐。
	家长指导目标	1. 学会根据儿歌、歌曲内容创编动作的方法。 2. 和宝宝一起在有节奏的韵律游戏中增进亲子感情。
活动准备	小毛巾，歌曲《小毛巾》。	 歌曲《小毛巾》
活动时间	12分钟。	
活动过程	1. 情境导入——激趣。 师：宝宝们自己制作的小手帕真是好看极了！小手帕说谢谢你们把它变得这么好看，小手帕想邀请宝宝们玩游戏！ 2. 欣赏歌曲——动作表现。 (1) 师：小手帕带来了一首好听的歌曲，我们一起听一听吧！ (2) 师：和宝宝面对面坐好，听着歌曲合着节奏轻轻拍打宝宝的肩膀。 (3) 师：和小手帕一起做游戏吧！ 3. 韵律活动——互动游戏。 (1) 教师带宝宝和家长一起跟着歌曲和小手帕做游戏(洗脸、擦脸、洗手、擦手、洗手帕、晾起来等动作模仿)。 (2) 每人一块小手帕，一起和小手帕做游戏吧！	
亲子指导	25—30个月的宝宝已经具备边听音乐边模仿动作的能力。歌曲要短小、节奏鲜明，易于婴幼儿理解。在韵律模仿的时候，家长引导宝宝跟着歌曲有节奏地做动作。家长要观察宝宝能否正确拿出毛巾做洗脸的动作、拿出梳子做梳头的动作。	

家庭活动延伸	回到家里,让宝宝尝试把小毛巾洗一洗。通过生活化的游戏,让宝宝对音乐的快慢、停顿有一个初步的认识。结合小手帕的游戏,让宝宝感受到跟爸爸妈妈一起参加韵律活动带来的快乐。

（五）动作发展活动

<table>
<tr><td colspan="3" align="center">精细动作活动：晾毛巾</td></tr>
<tr><td rowspan="2">活动目标</td><td>婴幼儿发展目标</td><td>1. 练习夹夹子动作,锻炼拇指、食指的咬合力。
2. 愿意动手操作,尝试运用夹子夹住毛巾晾晒在绳子上,提高自我服务能力。</td></tr>
<tr><td>家长指导目标</td><td>1. 陪伴宝宝的过程也是自我成长的过程,要有耐心。
2. 积极营造轻松、愉悦的氛围与宝宝开展游戏。</td></tr>
<tr><td>活动准备</td><td colspan="2">小夹子,小毛巾,晾衣绳。

</td></tr>
<tr><td>活动时间</td><td colspan="2">12分钟。</td></tr>
<tr><td>活动过程</td><td colspan="2">1. 教师以标准的姿势取学具。
(1) 教师分三个方位介绍学具名称：小夹子、小毛巾。
(2) 教师把学具从操作盘中取出摆放。
2. 示范操作。
(1) 教师分三个方位示范左手二指捏动作。
(2) 二指捏夹子,将毛巾夹住。
3. 整理学具。
(1) 将学具依次取下,整理后放回操作盘中。
(2) 师：东西从哪里拿,送到哪里去。
4. 向家长介绍活动目标及家庭活动延伸。
5. 亲子操作,教师巡回指导。</td></tr>
<tr><td>亲子指导</td><td colspan="2">25—30个月的宝宝能运用中指、食指、拇指的力量夹夹子,夹夹子可以进一步增强拇指食指的咬合力,为将来宝宝的握笔打下基础。通过游戏活动"晾毛巾",宝宝在自由玩夹子中,发展手眼协调、手指精细动作能力。
家长应了解到不同的宝宝在力量及灵活性上存在个体差异,有的宝宝很娴熟,有的可能不会夹夹子,家长要有耐心,陪伴宝宝在操作中获得技能。</td></tr>
<tr><td>家庭活动延伸</td><td colspan="2">小夹子在生活中随处可见,实用、方便又安全,具有很强的操作性。2—3岁的宝宝是在与真实的材料直接操作中,获得对事物的认知。可以用夹子夹在设计的底板上,变出太阳、小花、小刺猬等造型,引导宝宝进行想象、描述,宝宝的想象力与语言表达能力也得到发展。
在生活中,家长可以让宝宝为家人晾晒袜子、毛巾等,培养宝宝的爱心和责任心。</td></tr>
</table>

（六）再见活动

再 见 活 动	
活动目标	和小伙伴们用名字说再见,相约下次活动准时参加。
活动准备	《再见歌》。
活动时间	2分钟。
活动过程	1. 教师和宝宝以及家长一起跟随音乐跳再见舞蹈。 2. 主动和小伙伴拥抱一下,用名字说再见:"×××,下次见!"
亲子指导	鼓励宝宝能够记住两个小伙伴的名字,并主动和小伙伴说再见。
家庭活动延伸	在家里经常和宝宝聊一聊小伙伴的名字,加深印象。

家园合作（信息推送）

尊敬的家长朋友,您好! 让游戏成就孩子的未来! 因为在游戏中宝宝慢慢熟悉周围的一切,认识周围的世界,建立与他人的关系,掌握简单的生活常识等。在今天的活动"印染小手帕"中,宝宝学会了印染五颜六色的小手帕,发展创造性思维能力;在韵律《小毛巾》中感受音乐的快慢、停顿。在活动中请宝宝晒了小毛巾。回到家里,家长朋友们也让宝宝试一试用小夹子晒一晒自己的小毛巾、小衣服,锻炼宝宝拇指、食指的咬合力,同时提高自我服务能力。家长在陪伴宝宝游戏的过程中育儿的指导水平会一点点提升,也能回忆起自己快乐的童年。

活动随笔

在反思中调整

活动回顾

在美术活动"印染小手帕"中,我们和宝宝一起使用手帕纸、水粉颜料、棉签、报纸等印染操作材料印染出了许多美丽的花手帕,宝宝们在相互观赏中发现,原来美术活动可以这样神奇而有趣,因为每一个宝宝的花手帕都不一样,而且都很漂亮。宝宝们拿着自己的花手帕合影,看着宝宝们愉悦而满足的样子,我们也非常欣慰。

活动所思

这次活动前,我们根据已经开展的活动中出现的一些问题,及时在教研后进行了新的调整,具体如下。

第一,材料调整。

活动采用的印染纸常规都是使用宣纸,活动前由教师进行形状的剪裁。在印染活动中,我们发现宣纸的纸质较薄,印染会浸透颜料,吸满颜料的宣纸难以顺利展开,尤其对于低龄宝宝更加难,所以我们把印染的材料进行了调整,换成质量好的手帕纸巾,纸质厚实,教师不用二次剪裁,浸染颜料后,展开很顺利。

第二,时间调整。

印染结束后,由于印染的作品需要一定的时间来晾干,所以活动结束后很多宝宝很着急等待花手帕晾干,耽误宝宝回家的时间。我们进行了时间的调整,本着动静结合的原则,我们将原来设计在走线、问好、音乐、精细活动之后开展的印染活动调整到问好环节后,印染结束后我们继续开展其他活动,保证充足的时间让作品得以晾干。

第三,细节调整。

在印染手帕时常规应该建议使用水彩笔的透明笔水,印染出的颜色透明清亮、色彩也鲜艳好看,这种透明笔水是水彩笔补充颜料,缺点是很难清洗,尤其年龄小的宝宝,尽管老师和家长在活动中多次提醒,但还是难免会有宝宝将颜料蘸到手指上、甩到衣服上或者桌子上,很难清洗干净。调整后,我们选取安全无毒无异味的水粉颜料,这样一旦不小心沾到衣服等地方,不用担心,清洗很方便。作品效果虽然没有透明笔水那么鲜亮,但宝宝掌握了印染的方法,自己尝试了印染的过程,收获了属于自己的独一无二的作品,这些其实更重要。

还有一个细节就是在活动前一天,我们请家长带几张废旧的报纸,在宝宝印染时铺垫在桌子上,活动结束后还可以把宝宝的印染作品夹在报纸中带回家。

第四节　动 物 篇

主题说明

2—3岁婴幼儿有一双好奇的眼睛,与小动物有一种天然的亲密感。选择宝宝喜欢的小动物为主题,通过各种有趣的游戏活动,观察、了解、熟悉小动物,满足孩子好奇心,激发求知欲望。通过3周亲子活动,家长带宝宝一起玩与动物相关的模仿游戏、韵律活动、刮画活动、乐器演奏、精细动作活动和粗大动作活动,进一步了解动物的外形特征、走路方式、生活习性等,发展2—3岁婴幼儿的观察力,培养宝宝热爱小动物的情感。

一、乌龟爬爬

(一) 走线活动

托 物 走 线		
活动目标	婴幼儿发展目标	锻炼身体的平衡能力和控制力。
	家长指导目标	家长和宝宝一起做托物状走,直接的示范可以帮助宝宝更好掌握方法。
活动准备	舒缓的音乐,托盘、小珠子,贴小乌龟的筐子。	
活动时间	3分钟。	
活动过程	1. 走线介绍。 (1) 师:我们今天的第一个活动是走线。 (2) 师:我们要去给小乌龟送礼物。 2. 情境导入。 (1) 师:走到老师的面前取一个小盘子。 (2) 师:宝宝端着盘子沿着线走一走,家长做出端盘子的动作走一走。 (3) 走第二圈时,教师取出小珠子依次放在宝宝的盘子里,继续走一走。 (4) 给小乌龟送礼物。	
亲子指导	25—30个月的宝宝能控制身体平衡,持物行走。在走线活动中,能听指令调整身体姿势,坚持给小乌龟送礼物。	
家庭活动延伸	持物走线可以较好地锻炼宝宝的身体控制力和平衡能力,手腕的控制力也会在练习中增强。在家里,可以让宝宝为全家取饭碗、发饭碗,在生活中培养宝宝持物走一走的能力,增强宝宝自信心。	

（二）问好活动

自 然 问 好		
活动目标	婴幼儿发展目标	愿意到前面大大方方地介绍自己的大名。
	家长指导目标	家长引导宝宝安静倾听其他宝宝自我介绍。
活动时间	3分钟。	
活动过程	1. 教师自我介绍。 （1）师：大家早上好。"小手拍拍拍，欢迎大家来！" （2）师：我是××老师，下面请这位穿红色衣服的宝宝到前面介绍一下自己吧！ 2. 宝宝依次自我介绍。	
亲子指导	25—30个月的宝宝进入亲子园后，认识的同伴会逐渐增多，但在同伴面前有时还会表现出胆怯、害羞，通过自我介绍活动，可以让宝宝勇敢说出自己的名字并得到大家的欢迎，在活动中增加自信。	
家庭活动延伸	通过活动让宝宝学会用完整的短句进行自我介绍，体验和小伙伴在一起的快乐。	

（三）艺术活动（音乐）

音乐活动：小小乌龟爬山坡（乐器演奏）		
活动目标	婴幼儿发展目标	1. 学习歌曲，体验歌曲活泼、欢快的节奏。 2. 使用小乐器为歌曲伴奏，感受旋律节奏美。
	家长指导目标	1. 指导宝宝敲击单响筒，有节奏地进行演奏。 2. 引导宝宝注意倾听歌曲，和宝宝一起感受歌曲的快乐。
活动准备	单响筒，课件，歌曲《小小乌龟爬山坡》。 歌曲《小小乌龟爬山坡》	
活动时间	12分钟。	
活动过程	1. 动画导入。 师：这是谁啊？（小乌龟）小乌龟要去爬山坡，它一边爬一边还唱歌。让我们来听听它唱了什么。 2. 欣赏歌曲。 （1）师：小乌龟唱了什么啊？ （2）师：小乌龟爬山坡的时候要带什么呢？ 3. 节奏练习。 （1）师：听着音乐有节奏地轻轻拍打宝宝的肩膀。 （2）师：现在小乌龟在垫子上爬一爬吧！家长按节奏拍手，小乌龟爬一爬。 4. 亲子游戏。 师：请妈妈把双手握紧变成拳头当作小乌龟，宝宝们当小山坡，小山坡有高有低，宝宝可以坐着，可以躺下来，也可以趴下来……大家准备好，小乌龟开始爬山坡咯！（教师清唱） 5. 乐器演奏。 家长唱歌，按节奏拍打宝宝的肩膀处，宝宝使用单响筒进行演奏为小乌龟加油。	

亲子指导	25—30个月的宝宝可以运用多种小乐器伴奏及模仿小动物的动作进行游戏活动,单响筒是$\frac{2}{4}$拍音乐绝佳乐器。在有趣的乐器演奏中发展宝宝节奏感和音乐感受力。
家庭活动延伸	回家后,继续玩一玩音乐游戏活动"小乌龟",让宝宝感受歌曲欢快的节奏。还可以提供不同的"锅碗瓢盆",一双小筷子,和家人来一场"锅碗瓢盆"演奏会吧!

（四）动作发展活动

<table>
<tr><td colspan="3" align="center">精细动作活动:切切乐</td></tr>
<tr><td rowspan="2">活动目标</td><td>婴幼儿发展目标</td><td>1. 学习满把握小刀"切"的技能,练习双手配合能力。
2. 增强生活常识,加强安全意识。
3. 了解部分与整体的概念。</td></tr>
<tr><td>家长指导目标</td><td>1. 日常生活中可以做面食时让宝宝练习切一切。
2. 观察切切乐玩具中间的子母贴,为宝宝探索生活提供便利。</td></tr>
<tr><td>活动准备</td><td colspan="2">切切乐玩具(2片、3片、4片面包)。</td></tr>
<tr><td>活动时间</td><td colspan="2">12分钟。</td></tr>
<tr><td>活动过程</td><td colspan="2">1. 教师以标准的姿势取学具。
(1) 教师分三个方位介绍学具名称:切切乐。
(2) 教师把学具从操作盘中取出摆放。
2. 示范操作。
师:小乌龟爬山坡,要带上面包,我们帮它把面包切一切吧。
(1) 教师分三个方位示范右手满把握动作。
(2) 满把握小刀切面包。
(3) 师:切,面包切开了。
(4) 示范粘贴时可提示摸一摸子母贴毛毡口扎扎的一面和毛茸茸的一面,用力粘上,不会掉。
3. 整理学具。
师:东西从哪里拿,送到哪里去。
4. 向家长介绍活动目标及家庭活动延伸。
5. 亲子操作,教师巡回指导。
师:切一刀变几? 切两刀变几?
指导宝宝先选择小面包(两片练习),熟练后练习切大面包(3片、4片)并观察子母贴的特征,练习粘贴。</td></tr>
<tr><td>亲子指导</td><td colspan="2">"切切乐"是一项非常有生活气息的游戏活动,通过切的技能和双手配合完成游戏,发展宝宝手眼协调性。懂得生活中使用工具应注意安全,观察子母贴的特点,尝试将切切乐玩具粘贴完整,反反复复游戏。在小动物的主题活动中,帮助小动物切一切面包、水果,体验助人为乐的喜悦感。家长观察宝宝满把握小刀的技能和小手力度的发展情况,回家后可以继续玩一玩面食的游戏。</td></tr>
<tr><td>家庭活动延伸</td><td colspan="2">在家里,可以和宝宝一起玩一玩面食的游戏,家人包饺子时,宝宝可以切一些小面段,在家人的支持鼓励中,宝宝也会感觉自己棒棒哒!</td></tr>
</table>

（五）艺术活动（美术）

<table>
<tr><td colspan="3" align="center">美术活动:小乌龟(手工)</td></tr>
<tr><td rowspan="2">活动目标</td><td>婴幼儿发展目标</td><td>1. 初步了解蛋壳易碎的性质,尝试制作蛋壳画。
2. 练习大拇指按压、粘贴技能。</td></tr>
<tr><td>家长指导目标</td><td>在宝宝活动时,家长应鼓励宝宝自己进行粘贴。家长可以用语言指导解决粘贴时遇到的问题。</td></tr>
</table>

续　表

活动准备	画好小乌龟轮廓的画纸,鸡蛋壳,白乳胶,棉签。
活动时间	12分钟。
活动过程	1. 情境导入。 师:接下来是美术活动时间。(教师取学具) (1)教师将操作盘中物品分三个方位进行介绍。 (2)师:这是一只小乌龟,它没有漂亮的衣服,让我们帮帮它吧! (3)教师示范掰鸡蛋壳动作。 (4)教师示范粘贴动作。 师:哇,小乌龟穿上了漂亮的蛋壳外套。 (5)送学具。 师:东西从哪里拿,送回到哪里去。 2. 亲子创作。
亲子指导	25—30个月的宝宝可以说出常见物品的名称和用途。在蛋壳粘画的过程中发现生活中常见的蛋壳还可以制作小动物的外套,真是很神奇。在家里还可以使用常见的毛线、棉花、食物种子进行粘贴,锻炼动手能力。在宝宝活动时,家长应放手让宝宝自己来进行粘贴。
家庭活动延伸	家长可以把平时留下的鸡蛋壳洗干净晾干,继续和宝宝一起制作蛋壳贴画。用同样的方法,给小狗、小猫、小兔等小动物穿上美丽的蛋壳外套吧!

(六) 再见活动

再 见 活 动	
活动目标	以愉快的方式结束课程,留下美好的体验。
活动准备	歌曲《Say goodbye,泰迪熊》。
活动时间	3分钟。
活动过程	教师邀请小宝宝一起扮演小乌龟的样子来跳再见舞。(用《Say goodbye,泰迪熊》的旋律,将歌词改成小乌龟)
亲子指导	在25—30个月的宝宝眼中,小乌龟也是好朋友。让宝宝学着小乌龟的样子做游戏,宝宝会非常喜欢。
家庭活动延伸	家长回到家里带着小宝宝一起观察小乌龟,培养爱小动物的情感。

家园合作(信息推送)

　　尊敬的家长朋友,您好! 2—3岁婴幼儿有一双好奇的眼睛,与小动物有一种天然的亲密感。今天我们开展了"乌龟爬爬"活动,通过有趣的音乐游戏"小小乌龟爬山坡",和爸爸妈妈一起进行了乐器演奏,让宝宝感受歌曲欢快的节奏。回家后继续玩一玩"小小乌龟爬山坡"的音乐游戏,可以提供不同的

"锅碗瓢盆",和家人来一场"锅碗瓢盆"演奏会吧！活动中宝宝为"小乌龟"切面包,学习满把握小刀"切"的技能,练习了双手配合。用蛋壳粘贴的方法为小乌龟穿新外套,练习大拇指按压、粘贴技能。回家后,家长可以把平时留下的鸡蛋壳洗干净晾干,继续和宝宝一起制作蛋壳贴画。用同样的方法,给小狗、小猫、小兔等小动物穿上蛋壳外套！

活动随笔

适度指导需要智慧

活动回顾

在主题"动物篇"中的"乌龟爬爬"活动中,精细动作活动"切切乐"中活动目标设置如下。

婴幼儿发展目标:

1. 学习满把握小刀"切"的技能,练习双手配合能力。

2. 增强生活常识,加强安全意识。

3. 锻炼手眼协调配合能力。

家长指导目标:

1. 日常生活中可以做面食时让宝宝练习切一切。

2. 观察切切乐玩具中间的子母贴,为宝宝探索生活提供便利。

在活动中,我们观察并发现以下两种活动场景。

活动场景一:

宝宝奶奶:"你这样切不对,你要像老师一样把切下来的水果摆放整齐！要用手扶住!"边说着边用手把水果拿过来替代宝宝完成操作。宝宝很生气地将奶奶的手推开,用小手捂住奶奶的嘴巴,不让奶奶说话。

活动场景二:

宝宝妈妈:"宝宝,你切水果的时候一定要用手扶住水果……要是松手,水果跑了出去……"

宝宝切完一个水果以后,看着妈妈,问:"妈妈,是这样切吗?"妈妈看着宝宝微笑点点头。

活动所思

通过这两组家庭家长指导宝宝进行操作时的表现,不难发现,家长过多的干预对于宝宝造成了一定的干扰。在场景一中,奶奶直接伸手去帮助宝宝拿水果,替代宝宝操作的行为让宝宝想自己来的愿望落空,导致很焦躁地用手去捂住奶奶的嘴的现象。在场景二中,宝宝和家长能够有一个和平的相处方式,妈妈尊重宝宝,选择让宝宝自己操作,在有需要的时候用语言和表情进行适度的指导,如微微地点点头。陪伴在宝宝身边并给予宝宝适度的等待和指导,让宝宝主动去尝试操作,逐渐建立自信,和妈妈的感情也进一步增强。

在活动中,我们也发现,越来越多的家长喜欢替代宝宝完成操作活动,家长更多的是想看到作品的结果而忽略操作过程本身对于宝宝发展的重要性。随着宝宝一天天长大,更需要成长的机会和成长的空间。作为家长,作为老师,我们应该提供适宜宝宝发展的环境,也包括心理成长环境,让宝宝在自由探索、在自我发现中建立自信,健康成长。

二、小鱼游游

(一)走线活动

模 仿 走 线		
活动目标	婴幼儿发展目标	1. 放松身心,尽快安静下来融入活动中。 2. 在走线的过程中锻炼听指令模仿动作行进走的能力。
	家长指导目标	和宝宝一起模仿小鱼游,为宝宝做好示范,引起宝宝参与活动的兴趣。

续　表

活动准备	每个宝宝身上有一个彩色泡泡胸卡贴,轻柔的音乐。
活动时间	3分钟。
活动过程	1. 走线介绍。 师:家长和宝宝一起沿着蓝色海洋线,跟随老师出发吧! 2. 情境导入。 (1) 师:跟着舒缓的音乐慢慢呼吸,享受这样安静的亲子时光。 (2) 师:小手一前一后,变成小鱼游一游。"小鱼游游吐泡泡,啵,啵,啵。" (3) 师:小鱼宝宝你们表现得真棒!甩甩尾巴游回自己的海洋线吧!
亲子指导	模仿走线活动可以较好地放松宝宝的身心,让宝宝尽快投入活动情境之中。
家庭活动延伸	25—30个月的宝宝能自如地边行进走做边模仿动作。让宝宝通过肢体模仿小鱼游动时的样子,吐吐泡泡,体验游戏的快乐。还可以和宝宝一起模仿不同的小动物哟!

(二) 问好活动

节 奏 问 好		
活动目标	婴幼儿发展目标	通过节奏问好游戏,熟悉更多小伙伴的名字,体验认识朋友带来的快乐。
	家长指导目标	家长引导宝宝安静倾听其他宝宝自我介绍,记住更多小伙伴的名字。
活动准备	每个宝宝身上贴一个彩色泡泡胸卡。	
活动时间	4分钟。	
活动过程	1. 大家一起围成一个大泡泡。 (1) 师:欢迎大家,我是××老师。 (2) (老师找到一个红泡泡)师:红泡泡宝宝,你叫什么? (3) 红泡泡:大家好,大家好,我叫　×××! (4) 大家一起说:×××,×××,我们向你 问声好! 2. 彩色泡泡宝宝,依次按节奏问好。	
亲子指导	25—30个月的宝宝在语言表达方面已经可以说完整短句。自我介绍时,注意引导宝宝表达的完整性,如:"大家好,大家好,我叫 ×××!"家长和教师要及时给予肯定和赞美,增强宝宝的自信。	
家庭活动延伸	在日常生活中,家长要主动与认识的人打招呼,为宝宝做榜样。	

(三) 艺术活动(美术)

美术活动: 美丽的小鱼(刮画)		
活动目标	婴幼儿发展目标	1. 掌握刮画笔进行创作的方法。 2. 尝试用条纹线、波浪线等装饰小鱼,萌发想象,大胆创作。
	家长指导目标	1. 观察宝宝握笔姿势和运笔的方法。 2. 掌握正确握笔方法,能有效地指导宝宝。

活动准备	画有小鱼的刮画纸,刮画笔。
活动时间	12 分钟。
活动过程	1. 情境导入。 (1) 师:(出示有小鱼的刮画纸)"小鱼小鱼游游游,会吐泡泡会游泳,好想穿上花花衣,出门游玩乐悠悠。" (2) 师:我们帮小鱼穿上花花衣好吗? 2. 示范刮画的方法。 (1) 示范刮画笔的用法。 (2) 讲解绘画条纹线、波浪线装饰花花衣的方法。 3. 亲子创作。 教师逐一观察宝宝刮画情况和家长指导行为,给予适时指导。 4. 讲评并鼓励。 师:请把你身上的彩色泡泡也贴在小鱼身边吧!
亲子指导	25—30 个月的宝宝可以控制运笔方向,进行绘画活动。刮画的内容设计应该是简单的、容易绘制的,有利于建立宝宝的自信心。使用刮画工具时一定要提醒宝宝注意安全。家长要根据宝宝的表现给予赞赏,尽量放手让宝宝自己绘画。
家庭活动延伸	在家中,可以为宝宝准备刮画纸、刮画笔继续练习,注意宝宝绘画时尽量在身边陪伴并给予一定的指导和及时的肯定。

（四）艺术活动（音乐）

音乐活动：网小鱼（音乐游戏）		
活动目标	婴幼儿发展目标	1. 欣赏音乐,初步理解歌词的含义。 2. 在音乐旋律中边做模仿动作边游戏,感受音乐游戏的快乐。
	家长指导目标	1. 观察宝宝情绪反应,用自己的情绪感染宝宝。 2. 积极参与音乐游戏,体验亲子游戏的快乐。
活动准备	歌曲《网小鱼》。 歌曲《网小鱼》	
活动时间	12 分钟。	

活动过程	1. 情境导入。 （1）教师扮演小鱼围着宝宝游游游。 （2）师：我是一条小鱼，会吐泡泡会游水。 2. 欣赏歌曲。 师：歌曲真好听，你听见了什么？ 3. 声势练习。 （1）师：伸出小手跟随音乐一起来拍一拍吧！ （2）师：我们跟着音乐一起来拍一拍膝盖/肩膀吧！ 4. 亲子游戏。 （1）师：小鱼是怎样游的？请家长和宝宝听着音乐学一学小鱼游吧！ （2）网小鱼游戏。 师：我要邀请一位家长和我一起搭一个大大的渔网，宝宝们变成小鱼，听到"快快抓牢"，小鱼一定要快一点躲开，不要被渔网网到了。
亲子指导	25—30个月的宝宝能自如地后退、行进走，教师要积极创设有趣的、有情节的游戏情境，鼓励宝宝用肢体动作模仿各种小动物，如练习后退、侧身移动和行进走等动作，锻炼肢体协调能力，培养音乐表现能力，体验音乐游戏的乐趣。
家庭活动延伸	在家里，可以多找一些简短有趣、有情节的音乐，带宝宝进行身体模仿的游戏，让宝宝和家人一起表演，也可以组织家庭成员一起观看宝宝表演，感受音乐游戏的快乐与亲情的温馨。

（五）动作发展活动

精细动作活动：小猫钓鱼		
活动目标	婴幼儿发展目标	1. 通过"钓小鱼"游戏，锻炼手腕控制能力。 2. 初步感知磁铁的磁性，能手眼协调地玩钓鱼游戏。 3. 培养做事坚持、有耐心的好习惯。
	家长指导目标	1. 引导宝宝知道音乐响起提示游戏即将结束。 2. 耐心陪伴，观察宝宝钓小鱼，不催促。
活动准备	钓鱼竿（鱼线长短不一、鱼竿长短不一），别回形针的小鱼，鱼池，鱼筐。 	
活动时间	12分钟。	
活动过程	1. 教师以标准的姿势取学具。 （1）教师分三个方位介绍学具名称：小猫钓鱼。 （2）教师把学具从操作盘中取出摆放。 2. 示范操作。 （1）教师右手握鱼竿，将带有磁铁的鱼钩对准鱼身上的回形针。 （2）磁铁吸住小鱼，将鱼竿提起。 （3）把钓起的小鱼依次排列在操作盘中。	

	（4）用同样的方法将其他小鱼钓起。 3. 整理学具。 教师将鱼竿和小鱼放回操作盘中。 师：东西从哪里拿，送到哪里去。 4. 向家长介绍活动目标及家庭活动延伸。 5. 亲子操作，教师巡回指导。 请宝宝选择不同长短的鱼线、不同长短的鱼竿钓小鱼。
亲子指导	25—30个月的宝宝可以通过游戏活动培养耐心。游戏活动"小猫钓鱼"可以培养宝宝做事一心一意、坚持到底的好习惯，可以锻炼宝宝手眼协调和视觉追踪能力。家长根据宝宝的能力鼓励宝宝选择不同长短的鱼线、不同长短的鱼竿钓小鱼，体验游戏的快乐。
家庭活动延伸	在家里，可以自制钓鱼工具，初步感知磁铁的磁性，能手眼协调地玩钓鱼游戏。根据宝宝能力，鱼竿、鱼线长短可以调整，难易要适中。根据宝宝的需求陪伴练习钓鱼。

（六）再见活动

再 见 活 动	
活动目标	以愉快的方式结束课程，给宝宝留下好印象。
活动准备	歌曲《Say goodbye，泰迪熊》。
活动时间	2分钟。
活动过程	教师邀请宝宝一起扮演小鱼跳一跳再见舞。鼓励宝宝自由自在地游一游。（用《Say goodbye，泰迪熊》的旋律，歌词改成小鱼）
亲子指导	家长也要扮演成小鱼的样子，和宝宝一起自由自在地游一游。相信宝宝会非常喜欢。
家庭活动延伸	家长可以和宝宝一起养几条小鱼，一起观察小鱼的样子，培养爱小动物的情感。

家园合作（信息推送）

尊敬的家长朋友，您好！我们选择宝宝喜欢的小动物为主题，满足孩子好奇心，激发求知欲望。在"小鱼游游"活动中，模仿小鱼走线，让宝宝通过肢体模仿小鱼游动时的样子，吐吐泡泡，体验游戏的快乐。使用刮画笔为小鱼穿新衣，萌发想象鼓励大胆表达。我们和宝宝一起玩"网小鱼"的音乐游戏，带宝宝进行身体模仿的游戏。回家后，可以用毛巾或毛毯代替渔网，和宝宝一起玩"网小鱼"的游戏，有助于增进亲子情感！也可以组织家庭成员一起观看宝宝表演，感受音乐游戏的快乐与亲情的温馨。我们还和宝宝玩了钓鱼游戏，除了培养了宝宝手腕控制能力，还感知了磁铁的奇妙。在家里，可以自制钓鱼工具，和宝宝继续钓鱼！

活动随笔

教研引领成长

活动回顾

今天亲子活动有一个艺术活动环节"美丽的小鱼"，请宝宝用刮画笔为小鱼穿上美丽的衣服。老师在小黑板上示范完成后，宝宝使用刮画笔有条不紊地绘制一条条小鱼，家长也安静陪伴着宝宝们的操作，给予一定的指导和肯定，活动顺利地开展。

活动所思

活动前，关于这节活动我们进行了教研活动，主要研讨两个问题：一是在桌面上平面示范，宝宝不能直观清楚地看到,用什么办法更适合?二是刮画后会掉落许多黑色刮画屑,如何解决卫生问题?

教师们集思广益,最后我们准备使用立体小黑板进行示范刮画,把刮画纸立体放在与宝宝视线持平的小黑板上,示范了三种小鱼花衣服的方法(格子、条纹、波浪形状)让宝宝欣赏并自由给小鱼设计衣服。我们惊喜地发现宝宝的作品效果棒棒的,有的宝宝还将两种花纹搭配在一起。美术活动示范使用立体示范比平面示范效果更好。

刮画后会掉落许多黑色刮画屑,如何解决卫生问题?由于两节活动之间的时间短,老师们需要准备下一个活动班级的绘画材料,还需要打扫卫生,就会手忙脚乱。刮画后许多黑色刮画屑掉落到画布上,宝宝小手按压后,渗入画布缝隙,难以清理干净。教研后,我们在画布上铺上废旧的报纸,每一次活动结束换一下报纸,既方便又卫生,解决了问题。

第五节 季 节 篇

主题说明

在2—3岁孩子的眼里,大自然是很神奇的,丰富多彩,变化多端。9月的炎热到寒冷的冬季期间,在教师和家长的陪伴中,宝宝们感受大自然的奇妙变化。宝宝身边的一草一木都可以是观察的对象:树叶会变色、风儿呼呼吹、蔬果大丰收、冬天雪花飘、可爱的大雪人……都是那么生动有趣,激发宝宝参与大自然活动的兴趣。兴趣是引领宝宝成长的动力,所以设置"季节篇"的主题,让宝宝在季节变化的游戏中发现并感受季节的丰富与多彩。激发宝宝进一步探索周围事物的好奇心,学会快乐、勇敢地面对冬日的严寒,更加坚强勇敢。宝宝和家长在共同探索的过程中,丰富和积累相关季节知识经验,从而都获得相应发展。家长在陪伴宝宝的同时,增加相应的指导能力,有效增进亲子情感。

一、多彩秋天

(一)走线活动

模 仿 走 线		
活动目标	婴幼儿发展目标	听指令做模仿动作,培养倾听和执行的能力。
	家长指导目标	观察宝宝在走线的过程中倾听指令变换动作的能力发展。
活动准备	轻柔的音乐,不同颜色、形状的树叶胸卡贴。 	

活动时间	3分钟。
活动过程	1. 走线介绍。 师：下面开始我们的走线活动,树叶宝宝和我一起开始走线吧! 2. 情境导入。 (1) 师：每一个宝宝身上都有一片树叶,现在每个宝宝都是树叶宝宝了。 (2) 师：跟着舒缓的音乐慢慢地呼吸,树叶宝宝轻轻转一圈。 (3) 师：走线活动马上就要结束了,请树叶宝宝慢慢飘回自己的点点坐下来吧!
亲子指导	25—30个月的宝宝具备可以在原地转一转的基本能力,转动时可以把手臂打开以保持身体的平衡。
家庭活动延伸	回家的路上可以继续观察树叶并捡拾一些落叶,和宝宝聊聊秋天的话题,了解季节的变化。

(二) 问好活动

节　奏　问　好		
活动目标	婴幼儿发展目标	1. 在一问一答中和老师互相问好,减缓紧张情绪。 2. 辨认老师出示的树叶,正确回应,锻炼宝宝倾听能力。
	家长指导目标	1. 观察宝宝对指令的反应是否正确。 2. 和宝宝一起与老师互动问好。
活动准备	树叶胸卡贴若干,各种颜色树叶闪卡。	
活动时间	4分钟。	
活动过程	1. 节奏问好。 师：宝宝,家长,早上好! 宝宝、家长：Lina 老师,早上好! 师：红红的 树叶 在哪里? 宝宝、家长：红红的 树叶 在这里! 教师举起红色树叶闪卡,宝宝回应。 2. 大家一起唱欢迎歌。 1=C $\frac{2}{4}$ $\underline{1\ 2}\ 3$ | $\underline{3\ 4}\ 5$ | $\underline{5\ 6}\ \underline{5\ 4}$ | $3\ 2$ | $1-$| 红树叶　红树叶,我们 大家 欢迎 你!	
亲子指导	25—30个月的宝宝可以辨别红色、黄色、绿色,家长引导宝宝辨认不同颜色的树叶,和教师愉快互动,节奏问好。	
家庭活动延伸	在日常生活中,家长要为宝宝做榜样,主动与认识的人打招呼,宝宝在观察模仿中会变得越来越有礼貌。	

(三) 艺术活动(音乐)

音乐活动：小树叶(韵律)		
活动目标	婴幼儿发展目标	1. 熟悉歌曲旋律,尝试理解歌词的含义。 2. 愿意参加韵律活动,能用简单的肢体动作表现音乐的节奏。
	家长指导目标	1. 鼓励宝宝模仿的动作可以和老师不一样。 2. 在亲子韵律活动中互动,体验快乐。

活动准备	树叶胸卡贴若干,纱巾,歌曲《小树叶》。
	歌曲《小树叶》
活动时间	12分钟。
活动过程	1. 情境导入。 师:树叶宝宝,秋风吹来了,有很多的小树叶离开了大树妈妈,飘呀飘到哪里去呢? 2. 欣赏歌曲。 (1) 师:歌曲里的小树叶是怎么说的呢? (2) 师:和宝宝面对面坐好,听着音乐做一做动作吧! 3. 亲子韵律时间。 师:爸爸妈妈拿好小纱巾像秋风一样摆动,树叶宝宝跟着秋风飘一飘吧!
亲子指导	25—30个月的宝宝愿意和小伙伴一起听着音乐自由自在地做模仿游戏。家长不必要求宝宝动作和老师一样,可以做自己喜欢的动作表现自己的想法,在互动中鼓励和小伙伴搭档表现,相互模仿,培养模仿兴趣。多鼓励、肯定宝宝的表现。
家庭活动延伸	在家里家长可以播放不同节奏的歌曲,让宝宝感受不同的节奏,培养宝宝的音乐感受。鼓励在家人面前听音乐做动作,用自己的肢体语言表达对音乐的感受与理解。

（四）动作发展活动

粗大动作活动:大风和小树叶		
活动目标	婴幼儿发展目标	1. 在游戏情境中,锻炼宝宝身体控制能力、肢体协调能力。 2. 愿意参与游戏,体验游戏带来的欢乐。
	家长指导目标	1. 积极参与游戏,根据宝宝在游戏中的反应调整游戏策略。 2. 在与宝宝的互动中,感受亲子游戏的快乐。
活动准备	树叶胸卡贴若干,纱巾若干,轻柔的音乐和欢快的音乐。	
活动时间	12分钟。	
活动过程	1. 热身运动。 师:身体动动动的时间到了,请树叶宝宝们和老师一起动起来吧! 2. 讲解游戏玩法。 (1) 师:今天我们认识了很多不同的小树叶,接下来我们和小树叶一起玩游戏吧! (2) 师:老师变成一棵大树,爸爸妈妈摇动手里的纱巾扮演"秋风",树叶宝宝可以跟着音乐飘一飘、转一转、跑一跑哟! 3. 亲子游戏。 (1) 师:爸爸妈妈手里的纱巾要变化不同,嘴里发出"呼呼"的风声。 (2) 师:风大了,树叶宝宝四散跑一跑;风小了,树叶宝宝要轻轻摇一摇;风停了,树叶宝宝要尽快回到大树妈妈周围蹲下来或睡一觉。 (3) 根据宝宝兴趣游戏可以反复几次。	
亲子指导	25—30个月的宝宝已经能根据需要控制身体的活动方向,家长要积极创设游戏的情境,以饱满的激情投入游戏中。纱巾舞动的力度不同代表风力的大小,树叶宝宝在秋风中有时轻轻飘,有时转圈摇,有时直打转,有时被刮倒……尽情体验亲子游戏的快乐吧!请家长根据宝宝游戏的情况随时变换"风力"大小,有效控制运动量,注意安全。"大风和小树叶"的游戏不仅锻炼了宝宝身体控制能力、肢体协调能力,还有效培养了宝宝的观察能力及反应能力。	
家庭活动延伸	在家中,家长可以继续创设游戏情境,请宝宝扮演小树叶,开展亲子游戏。例如,家长用嘴巴吹,宝宝随着"风儿"的大小随意舞蹈;用扇子扇,宝宝被吹得东倒西歪,增加游戏的趣味性。	

（五）艺术活动（美术）

美术活动：多彩的小树叶（拓印）		
活动目标	婴幼儿发展目标	1. 感受用树叶进行拓印的乐趣，丰富视觉感受，提高手部控制力。 2. 在拓印活动中，感知小树叶不同的形状、纹路。提高对色彩的感受力。
	家长指导目标	1. 引导宝宝善于观察周围，发现生活中的美。 2. 用恰当的方法指导宝宝使用板刷进行拓印活动。
活动准备	洗干净压平的小树叶若干，板刷，颜料，宝宝工作服，垫板。 	
活动时间	12分钟。	
活动过程	1. 情境导入。 师：今天我们帮小树叶穿上漂亮的衣服。 2. 示范讲解。 （1）教师示范三指捏的动作。拿起树叶："我们要给小树叶穿上漂亮的衣服。" （2）师：用一根手指按住小树叶的小尾巴（叶柄处）。 （3）教师分三个方位，满把抓的动作示范使用板刷"蘸"颜料、"刷"颜料。 （4）教师示范"拓印"的方法（双手用力按压一会树叶，将叶子慢慢拿起来）。 3. 亲子创作。 教师观察并提醒家长不要替代，让宝宝独立完成作品。 4. 作品欣赏。 师：带着你的作品和小伙伴互相看一看，一起拍张照片吧！	
亲子指导	25—30个月的宝宝对色彩较敏感，喜欢玩与颜色相关印一印的游戏。"多彩的小树叶"活动借用树叶进行拓印，锻炼宝宝手腕控制板刷方向的灵活度，在操作的过程中发展宝宝的观察力、想象力和语言表达能力，激发创作的意愿。在生活中，多引导宝宝观察周围变化，感受大自然的神奇。	
家庭活动延伸	拓印小树叶的活动，可以让宝宝感受不同树叶的形状、纹路，激发宝宝观察周围发现美的事物的习惯。回家后可以继续收集各种各样的小树叶，让宝宝拓印更多漂亮的树叶衣服。在拓印时，家长应提醒宝宝注意蘸颜料时的卫生。	

（六）再见活动

再见活动
活动目标	以愉快的游戏方式结束课程，让树叶宝宝角色自然贯穿始终，前后呼应。
活动准备	歌曲《再见歌》。
活动时间	2分钟。

续　表

活动过程	播放《再见歌》,教师邀请树叶宝宝一起跳舞。
亲子指导	在再见过程中,引导树叶宝宝去找不同的树叶宝宝,一起面对面跳舞。
家庭活动延伸	在生活中,和宝宝一起捡拾落叶,观察落叶。

家园合作(信息推送)

　　尊敬的家长朋友们,您好!秋天到了,孩子身边的一草一木都可以是宝宝观察的对象,树叶会变色,风儿呼呼吹,身边的一切都是那么的生动有趣,激发着宝宝参与大自然活动的兴趣,兴趣是引领孩子成长的动力。今天我们和宝宝开展"多彩秋天"亲子活动,宝宝们跟随歌曲《小树叶》一起舞蹈,用简单的肢体动作表现音乐的节奏;在"大风和小树叶"的游戏中,锻炼了宝宝身体控制能力、肢体协调能力,感受和爸爸妈妈一起游戏的快乐;宝宝尝试拓印自己收集来的小树叶,感受不同树叶的形状、纹路的不同,拓印的花纹也不同。回家后可以继续收集各种各样的树叶,让宝宝拓印更多漂亮的树叶衣服,感受到美术活动的乐趣和大自然的神奇吧!

活动随笔

拓印多彩的树叶

活动回顾

　　今天和宝宝们一起进行了美术活动"多彩的小树叶",通过拓印,感知不同树叶的纹路、形状,激发对美术的兴趣。在活动中,教师示范给小树叶穿上漂亮的衣服。亲子创作时间,宝宝们拿起小刷子蘸取颜料,将颜料刷在树叶上,拿起画纸,用力按一按,慢慢拿起来,树叶衣服印好了。一片片树叶在宝宝的手里转眼变成美丽的树叶衣服,宝宝们沉浸在美术创作中。

　　树叶拓印画需要树叶。因为数量要求特别多,我们在活动前给家长推送了需要帮助收集树叶的家园合作信息。活动当天,的确很多宝宝带来了树叶,我们在使用时却发现了新的问题,树叶很多都是来参加亲子活动的路上临时摘的,太新鲜的树叶颜料刷不上色;有很多树叶纹路不清晰,刷颜色后拓印效果不好;有的树叶上面有露水或泥土,有的树叶太干枯而卷边一碰就碎,不适合拓印使用。

活动所思

　　活动后,我们一起找原因,发现问题出在教师信息推送时描述不清楚。发信息时因为老师知道拓印的要求,感觉家长一定会知道先对树叶做一些处理再带来,却事与愿违地收到了很多不能使用的树叶。活动中很多家长和宝宝也很失落,认为自己收集的叶子没有被使用或效果不好,造成不愉快。

　　活动后,我们调整了家园合作信息推送的内容,具体而明确地提出配合工作:"尊敬的家长朋友们,本周美术活动我们要和宝宝拓印树叶,请您和宝宝一起收集落叶。注意收集的落叶要完整,叶脉要清晰。每个宝宝收集 3—5 片即可。收集以后,请用湿布轻轻擦拭叶面后夹在书里,让叶子保证平整,叶子放置两天水分略干后再带来,更容易上色拓印。我们也会提前准备一些树叶,以便宝宝在拓印的时候有更多的选择,再次感谢您的支持与配合。"

　　接下来的几次拓印活动,宝宝们拓印作品效果都非常的不错,因为我们在活动前请家长配合的信息非常明确,收集的树叶都是纹路清晰、平整、略干的树叶,颜料刷在页面上进行拓印,作品非常漂亮。家长通过收集树叶,增长了关于拓印的相关知识和技能,回家后指导宝宝继续进行美术创作也更有方法和信心了。

　　因为家长收集的落叶质量特别好,而且宝宝对树叶画特别有兴趣,我们继续生成关于树叶的系列美术活动,如拓印树叶添画、树叶粘贴画的创作,宝宝们对美丽的秋天有了很多新的体验,感受到美术活动的乐趣和大自然的神奇。

图 4-2　树叶拓印画

图 4-3　树叶拓印画

二、拥抱冬天

（一）走线活动

音乐游戏导入		
活动目标	婴幼儿发展目标	在欢快的音乐旋律中热身，激发参与活动的兴趣。
	家长指导目标	和宝宝一起舞动起来，把欢快的感觉传递给宝宝。
活动准备	音乐《棒棒棒》。	
活动时间	3分钟。	
活动过程	1. 走线介绍。 师：请家长和宝宝们站在线上，我们舒展一下身体。 2. 音乐游戏导入。 (1) 师：听，这是《棒棒棒》的音乐，我们一起跳起来吧！ (2) 师：冬爷爷来了，我们每一个宝宝都是棒棒的，我们一起来拥抱冬爷爷，我们是不怕寒冷的勇敢宝宝。 附：**棒棒棒** *点点你的头　棒棒棒* *竖起大拇指　棒棒棒* *热烈地鼓掌　棒棒棒* *大声地喊出　棒棒棒* *1 2 3　4　5* *5　4　3 2　1* *1 2　3　4　5　6　7　8* *运动我最行*	
亲子指导	25—30个月的宝宝喜欢和同龄的小伙伴儿一起舞蹈，欢快的旋律会激发宝宝舞动身体的兴趣。鼓励宝宝随意发挥动作，积极参与活动。	
家庭活动延伸	在家中，继续为宝宝播放《棒棒棒》的音乐，家庭其他成员都可以跟着宝宝一起扭一扭，跳一跳。	

（二）问好活动

节　奏　问　好		
活动目标	婴幼儿发展目标	1. 宝宝有节奏地回应问好练习。 2. 练习说短句，在一问一答中激发宝宝参与节奏问好游戏的兴趣。
	家长指导目标	主动参与一问一答的节奏问好活动。

活动时间	5分钟。
活动过程	1. 节奏问好。 (1) 师：小手　拍拍拍，欢迎　宝宝来！ 　　　宝宝：小手　拍拍拍，lina　老师好！ (2) 师：寒冷冬天　已来到，宝宝宝宝　怕不怕？ 　　　宝宝：寒冷冬天　已来到，我们大家　都不怕！ 2. 宝宝依次加上自己的名字，节奏问好。 　　我　是　×× ×，寒冷冬天　已来到，我们　大家　都不怕！ 3. 师：××× ×××，你是最棒　的！
亲子指导	对自己的赞美和鼓励也是宝宝建立自信心的开端。通过节奏问好，体验冬天坚持参加活动的快乐。如果宝宝不熟悉节奏，家长可以一起问好回应。
家庭活动延伸	鼓励宝宝在冬天要坚持参加每一次的亲子活动，做一个棒棒的小宝贝！

（三）艺术活动（音乐）

音乐活动：雪花和雨滴（乐器演奏）		
活动目标	婴幼儿发展目标	1. 熟悉音乐，理解歌词，尝试用身体动作表现雪花和雨滴，体验扮演和游戏的快乐。 2. 感知乐器砂蛋、雨声筒不同的音色并能做出相应的动作。
	家长指导目标	1. 引导宝宝倾听音乐，参与游戏活动。 2. 和宝宝在模仿游戏中增进亲子感情。
活动准备	砂蛋，雨声筒，动画课件，歌曲《雪花和雨滴》。 歌曲《雪花和雨滴》	
活动时间	10分钟。	
活动过程	1. 故事导入。 师：宝宝们，故事里的小兔子在窗边看到了什么？听到了什么？（雨滴） 2. 倾听声音，模仿动作。 (1) 教师演奏雨声筒：请宝宝们闭上眼睛，仔细听，这是小雨滴还是小雪花呢？ (2) 师：我们一起学一学小雨滴是什么样子的？（动作模仿） (3) 用同样的方式出示砂蛋并模仿小雪花的动作。 3. 游戏：雪花和雨滴。 引导宝宝和家长熟悉游戏玩法。 师：老师演奏乐器，家长扮演小雨滴，宝宝扮演小雪花。 师：老师、家长分成两组演奏乐器，宝宝扮演小雨滴或小雪花。 4. 亲子游戏。	

亲子指导	25—30个月的宝宝通过图片、动画、绘本对小雨滴和小雪花有了一定的了解,我们通过设置动画故事导入的方式,让宝宝听不同乐器分辨小雪花和小雨滴,并用肢体语言进行表演。这个阶段的宝宝会相互模仿,我们采用分组扮演角色的方法,让家长以饱满的热情参与到活动中,带动了宝宝参与表演的热情,在游戏中体验扮演不同角色的快乐。
家庭活动延伸	在家中可以自制一些简单的小乐器,继续让宝宝欣赏不同的小乐器发出的声音,尝试演奏小乐器,感受不同音色的美,培养宝宝的乐感。

（四）艺术活动（美术）

美术活动:雪人(拓印)		
活动目标	婴幼儿发展目标	1. 感受气球拓印活动的乐趣。 2. 激发对美术活动的兴趣。
	家长指导目标	1. 观察宝宝完成作品的情况。 2. 学会用适当的语言指导宝宝进行气球拓印活动。
活动准备	气球,水粉颜料,黑色卡纸,工作服,小毛巾。 	
活动时间	12分钟。	
活动过程	1. 情境导入。 师:在黑色的纸上用气球变出一个雪人! 2. 示范讲解。 (1) 教师三方位示范满把握的动作,"抓握气球,蘸取颜料,拿到黑色纸上,揉一揉,雪人的脑袋变出来了"。(同样的方法示范雪人的身体) (2) 教师三方位示范手指点画小雪花的方法。 3. 亲子创作。 教师观察并提醒家长不要替代,让宝宝独立完成作品。 4. 作品欣赏。 师:和你的小雪人合影留念吧!	
亲子指导	25—30个月的宝宝喜欢用不同的物品进行拓印的活动。在拓印中,颜料应该是安全的、无毒的。气球拓印活动的形式新颖有趣,吸引宝宝积极参与拓印活动。	
家庭活动延伸	下雪天和宝宝一起观察雪花、打雪仗、堆雪人。下雨天就和宝宝一起在雨中走一走、踩一踩、踩一踩,感受大自然的神奇与美丽。	

（五）动作发展活动

粗大动作活动:动物模仿操		
活动目标	婴幼儿发展目标	1. 学习动物模仿操,体验模仿游戏的乐趣。 2. 积极参加活动,提高动作的协调性、平衡性和灵活性。

活动目标	家长指导目标	1. 积极参与模仿操的游戏,提高亲子互动的亲密度。 2. 带宝宝一起巩固走、跑、跳等基本动作练习。
活动准备	模仿操的课件,模仿操音乐。	
活动时间	12分钟。	
活动过程	1. 热身运动。 师:寒冷的冬天到了! 我们都是不怕冷的宝宝,现在和老师一起手拉手,跳起《棒棒棒》。 2. 欣赏儿歌。 师:有很多小动物朋友也不怕寒冷,它们正在做早操,咱们去看看吧!(播放动画课件) 3. 亲子运动。 (1) 师:我们边说儿歌边做操,这样会更有力量。请宝宝跟着说儿歌最后一个字,我们试一试。 (2) 师:大家一起站起来,跟小动物们一起来做早操吧! **附儿歌:** 今天天气真正好,小动物们起得早。 　　　　穿上漂亮花花衣,我们一起做早操。 　　　　小花猫,走一走。小鸭子,转一圈。 　　　　小黄狗,跑跑跑。小白兔,跳呀跳。 　　　　我们都是好朋友,早起锻炼身体好。	
亲子指导	25—30个月的宝宝在模仿各种小动物的动作时,有的宝宝可能会出现动作不协调的情况,教师的指令应该放慢速度,语气夸张形象生动一些,为宝宝做好示范,吸引宝宝参与模仿各种小动物的活动,锻炼宝宝肢体各部位的灵活性,达到锻炼的目的。	
家庭活动延伸	宝宝学念模仿操的儿歌时,家长可以说儿歌的前半部分,宝宝说后半部分。例如:家长说"今天天气",宝宝说"真正好"。家长要和宝宝一起做操锻炼身体,在这种互动中,宝宝会感到很有趣。天冷要坚持早睡早起参加活动,培养宝宝不怕寒冷的勇敢品质。	

(六) 再见活动

再 见 活 动	
活动目标	以舞蹈的方式结束课程,带给宝宝愉快的体验。
活动准备	音乐《再见歌》,冬爷爷头饰。
活动时间	3分钟。
活动过程	播放《再见歌》,教师扮演冬爷爷,邀请宝宝一起跳舞。
亲子指导	25—30个月的宝宝应该懂得分别时要和别人说一声"再见",有礼貌的好习惯需要慢慢培养。
家庭活动延伸	回到家里带着小宝宝一起听一听、看一看关于"再见"的绘本故事,培养有礼貌的好习惯。

家园合作(信息推送)

尊敬的家长朋友,您好! 在季节的主题活动"拥抱冬天"中,我们和宝宝一起在《棒棒棒》的舞蹈中开场,让宝宝在游戏中学会快乐、勇敢地面对冬日的严寒,更加热爱大自然;我们一起进行了乐器演奏"雪花和雨滴",宝宝在熟悉音乐、理解歌词后,通过砂蛋、雨声筒乐器演奏活动,感知乐器不同的音色,尝试用身体动作表现雪花和雨滴,体验肢体扮演和游戏的快乐;我们一起拓印小雪人,感受气球拓印的奇妙和乐趣;冬日虽然寒冷,家长和宝宝一起做动物模仿操,一起锻炼身体,在这种游戏互动中,培养宝宝不怕寒冷的勇敢品质。每一次来参加活动之前,记得对宝宝说一声:不怕寒冷的宝宝真棒!

活动随笔

气球拓印乐趣多

活动回顾

在主题活动"季节篇"中的"拥抱冬天"里,有一个非常有趣的艺术活动是"气球拓印小雪人"。宝宝使用气球蘸取颜料在卡纸上拓印小雪人,通过操作宝宝感受气球拓印的乐趣,激发宝宝对美术活动的兴趣。

用气球进行拓印的形式非常新颖有趣,我刚刚取出操作材料,盘子中的气球就吸引着宝宝的注意力,"啊,气球!"他们纷纷指着气球开心笑起来。示范完成后,很多家长都对气球拓印很感兴趣:"哇,气球印雪人还是第一次看到,气球原来不仅能看,还能变大雪人,真有创意呀!"

活动所思

用气球作画吸引宝宝参与拓印活动,整节活动大家都热情高涨,兴致浓浓。宝宝和家长共同配合印出大大小小的雪人,再用手指蘸取颜料点画装饰,一起沉浸在这有趣、新颖的创作活动中。

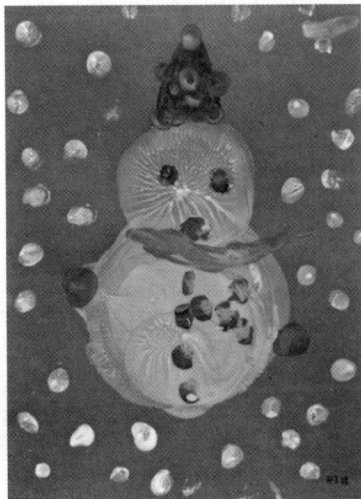

图 4-4 气球拓印画

每次亲子活动"生活即教育"的理念指导我们设计、选择操作材料,便于活动后家长带领宝宝在家庭延伸活动中继续陪伴宝宝便捷地开展相关游戏。我们设计的活动所需材料都以简单材料和物品为主,像今天的活动中使用的气球,平时会用气球装饰,或是玩吹气球、拍气球的游戏,但今天的美术活动中,宝宝使用气球拓印小雪人,虽然材料简单,但宝宝呈现出的每一张作品都惊喜不断。同时,我们也想用活动给家长传递"生活处处皆教育"和"一物多用"的理念,引领家长成长。活动结束后,我们给家长一些具体的建议,例如使用快递泡泡纸刷颜料拓印雪花,白色泡沫掰碎后粘贴雪花等。让家长感受到日常生活中陪伴宝宝的成长需要有"善于发现的眼睛"和"智慧的思维",发现身边可以一物多用的简单材料,设计和丰富亲子游戏,吸引宝宝积极参与其中,提升宝宝各方面能力均衡发展。这也能让家长育儿更加有信心和力量,和宝宝的感情也会在一次次有趣的游戏互动中进一步增强。

第六节 节日篇

主题说明

中秋节是我国的传统佳节,围绕中秋节我们和宝宝一起通过谈话、儿歌、故事、歌唱等活动让宝宝深入了解中秋节的由来、习俗,感受节日文化。通过绘画、手工、分享月饼等活动,让宝宝在丰富多彩的亲子活动中,在浓厚的节日氛围中体验与家人一起过中秋的快乐。

一、月儿圆圆

(一)走线活动

模仿走线		
活动目标	婴幼儿发展目标	1. 放松身心,融入活动氛围。 2. 学着听指令,尝试用身体部位代表其他事物。
	家长指导目标	跟随音乐进入游戏情境之中,保持安静,配合教师活动。

活动准备	轻柔的与月亮相关的音乐。
活动时间	3分钟。
活动过程	1. 走线介绍。 师：接下来是我们今天的第一个活动——走线活动。 2. 情境导入。 (1) 师：中秋节就要到了，我们一起来和圆圆的月亮做游戏吧！ (2) 师：中秋节的时候月亮会变得圆圆的、大大的、亮亮的。 (3) 师：现在我们慢慢停下来，一起面向圆心。小手伸出来，变出小月牙，小月牙变大变大，变成圆圆的大月亮。 (4) 师：宝宝们表现真不错，快给宝宝一个大大的拥抱吧！
亲子指导	25—30个月的宝宝游戏时能用自己的身体部位代表其他物体。在情境中，带领宝宝模仿月亮变大或变小的游戏深受宝宝的喜爱，同时自然过渡到下一个活动。
家庭活动延伸	舒缓的音乐可以较好地放松宝宝的身心，让宝宝尽快稳定情绪。家长可以在家中经常播放柔美的轻音乐，创设舒适的家庭氛围。

（二）问好活动

自 然 问 好		
活动目标	婴幼儿发展目标	1. 愿意主动为大家送去中秋节的祝福，声音响亮。 2. 感受节日团圆的氛围。
	家长指导目标	家长鼓励宝宝大声回应问好，清晰地发音。
活动准备	娃娃一个。	
活动时间	3分钟。	
活动过程	1. 娃娃自我介绍。 娃娃：大家好，我是乐乐，中秋节就要到了，祝大家中秋节快乐！ 2. 宝宝送祝福。 宝宝：大家好，我是×××，祝大家中秋节快乐！ 3. 互相祝福。	
亲子指导	鼓励宝宝大声为小伙伴送去中秋的节日祝福，对其他小伙伴的祝福要及时感谢做出回应。	
家庭活动延伸	在家里，讲一讲中秋节的故事，体验节日的气氛。	

（三）认知活动

中秋节的故事		
活动目标	婴幼儿发展目标	1. 初步了解中秋节是我国的传统节日，知道中秋节要吃月饼的习俗。 2. 在分享月饼活动中，感受中秋节的节日氛围。
	家长指导目标	1. 带领宝宝准备分享月饼，引导宝宝发现月饼有多种口味。 2. 观察宝宝的分享行为，及时肯定宝宝的进步表现。
活动准备	和宝宝一起了解关于中秋节的故事，月饼分享准备，绘本故事，背景音乐，月亮变化的课件	
活动时间	12分钟。	
活动过程	1. 谈话导入。 师：今天我们一起来听一个节日的故事，是关于中秋节的故事。 2. 讲述故事。 (1) 师：在夜空中有一轮大大的月亮，有一天，月亮变得很圆很圆，很亮很亮，这一天，人们要吃月饼庆祝节日，你们知道这是什么节日吗？（中秋节）	

	(2) 欣赏月亮变化的课件,停在最大最圆月亮的画面上。 师:在月亮上住着一位非常漂亮的嫦娥姐姐,嫦娥姐姐的手里抱着什么呢?(小兔)这可不是一只普通的兔子哦,它的名字叫玉兔。 (3) 师:中秋节,家人会坐在一起赏月亮,吃月饼,吃团圆饭。 3. 亲子时间。 师:现在和小伙伴、爸爸妈妈一起品尝美味的月饼吧!
亲子指导	让宝宝在分享活动中感受浓浓的节日气氛,体验和朋友一起过节的快乐。
家庭活动延伸	25—30个月的宝宝能自己一页一页翻阅图书,能讲述故事中有趣的(感兴趣的)故事情节。家长可以选择与节日相关的绘本故事,继续给宝宝讲述关于中秋节的故事,让宝宝了解中秋节的习俗。在中秋节一起和家人吃月饼,赏月亮,吃团圆饭,感受传统节日的幸福。

（四）动作发展活动

粗大动作活动:送月饼		
活动目标	婴幼儿发展目标	1. 在游戏中敢于挑战难度不同的平衡木和跨栏,锻炼平衡和跨越的能力。 2. 促进手脚协调能力发展与空间知觉发展。
	家长指导目标	1. 家长注意引导宝宝认真倾听游戏规则。 2. 放手让宝宝尝试难度不同的挑战,在原有运动水平上提升。
活动准备	平衡木(两种高度),跨栏(两种高度),仿真月饼,小兔子(卡片)。 	
活动时间	14分钟。	
活动过程	1. 热身时间。 师:宝宝们,接下来是我们身体动动动的时间了,在开始游戏前让我们先来活动一下身体吧! 2. 游戏示范。 (1) 师:今天我们要一起去给小兔子送好吃的月饼。 (2) 师:从小桥开始出发,走平衡木的时候要把手臂打开,保持身体不摇晃,走到小桥的这一头,可以轻轻走下来,也可以试着跳下来。 (3) 师:跨过跨栏时,一只脚先跨过去,另外一只脚跟着跨过去。 (4) 把月饼送给小兔,说一声:"小兔,中秋节快乐!" 3. 亲子游戏。 在游戏的过程中,请家长放手让宝宝尝试不同高度的平衡木和跨栏,用目光跟随宝宝,注意宝宝的安全。	
亲子指导	在游戏中,我们要搭建不同难度的游戏场景,让宝宝在原有的运动技能上可以尝试挑战,增强宝宝的自信与勇气。家长只需在安全范围内观察宝宝的反应,给予宝宝必要的帮助,而不是取代宝宝完成或干预宝宝挑战。	

家庭活动延伸	回家的路上,可以走一走路牙石,练习平衡能力。可以编一个小故事,创设情境,让宝宝完成一个故事里的小任务,增加趣味性。

（五）语言活动

故事:《有礼貌的小熊》		
活动目标	婴幼儿发展目标	1. 熟悉故事内容,学习故事中的短句。 2. 理解礼貌用语,在提示下会使用"谢谢""不客气"等礼貌用语。
	家长指导目标	1. 引导宝宝认真听故事,鼓励宝宝模仿故事中的礼貌用语。 2. 引导宝宝复述故事,会设计提问。
活动准备	故事大书《有礼貌的小熊》,绘本若干。 	
活动时间	10 分钟。	
活动过程	1. 情境导入。 (1) 教师介绍书名《有礼貌的小熊》。 (2) 教师右手食指指读书名"有礼貌的小熊",注意语速缓慢,语气温柔。 2. 欣赏故事。 (1) 第一页:教师讲述"小熊出门去散步",食指三次分别指向小熊、地面、小鸟。 (2) 第二页:讲述"你好,兔妈妈"时注意语调的处理。 (3) 第三页:讲述"哎呦"时注意语气的处理,同时手指向画面。 (4) 第四页:讲述"谢谢猪奶奶"时要表现出开心的状态,手指向糖果。 (5) 第五页:讲述"小松鼠,我来帮你吧"语气俏皮可爱,指向篮子。 (6) 师:宝宝们,这可真是一个有礼貌的小熊啊! 3. 亲子时间。 享受亲子绘本故事时间,鼓励宝宝和妈妈学故事中的短句进行互动。	
亲子指导	25—30 个月的宝宝已经能够理解礼貌用语,在生活中,家长应示范、引导宝宝练习使用礼貌用语。如果宝宝在生活中使用不当时,不要嘲笑或指责,要给予正确示范,反复多次后,宝宝会更加理解,运用自如。	
家庭活动延伸	在家中,家长给孩子讲故事时也要进行简单的提问,增强宝宝的记忆力和语言的发展。	

（六）再见活动

再 见 活 动	
活动目标	在游戏情境中吸引宝宝参加再见活动,培养有礼貌的好习惯。
活动准备	小兔子头饰,《再见歌》。

活动时间	3分钟。
活动过程	播放《再见歌》,教师扮演小白兔和宝宝一起唱歌跳舞说"再见"。
亲子指导	在再见过程中,家长也参与其中,一起跳舞,说"再见"。
家庭活动延伸	在生活中,家长和朋友、家人告别的时候都要有礼貌地说"再见"。做一个有礼貌的榜样。

家园合作(信息推送)

尊敬的家长朋友,您好!中秋节是我国传统佳节,我们设计了丰富多彩的亲子活动,在"月儿圆圆"中,围绕中秋节我们和宝宝一起通过"中秋节的故事"让宝宝深入了解中秋节的由来、习俗,感受节日文化;通过"运送月饼"活动鼓励宝宝敢于挑战难度不同的平衡木和跨栏,锻炼平衡和跨越的能力;在讲述故事《有礼貌的小熊》后,鼓励宝宝说有礼貌的话;组织分享月饼的活动,让宝宝在浓厚的节日氛围中体验与家人一起过中秋的快乐。在中秋节时请让宝宝和家人一起吃月饼、赏月亮、吃团圆饭,感受传统节日的幸福。祝全体家长和宝宝们中秋团圆,阖家安康!

活动随笔

真分享,享成长

活动回顾

今天的认知活动"中秋节的故事"中有月饼分享环节。老师将月饼提前切成小块儿,放在小盘子里,让宝宝们一起来分享。

在此次的分享活动中,我们提醒家长朋友们,如果您的宝宝想分享他们月饼的时候,建议家长真的接受宝宝的分享,家长不要只是说:"宝宝真棒,我不吃!"家长可以接过来和宝宝一起品尝并观察宝宝的情绪反应。

活动所思

宝宝正处于自我意识开始发展的前期。在这段时间里,宝宝认为所有的东西都是他自己的,拒绝分享、拒绝别人碰他的东西。通过今天这样的一个分享活动,让宝宝尝试分享,并感受到如果参与分享,自己可以品尝到更多口味的月饼,原来分享是越来越多,分享会让自己更加快乐,家长也要在生活中多创造条件,及时肯定宝宝的分享行为,接受宝宝的分享,让分享在真实中带给宝宝成长。

下图是活动座位图,一个活动的组织,在桌椅摆放设计上可以变化不同,把更多更大的活动空间

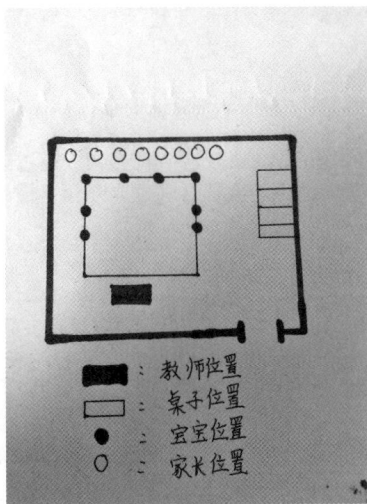

图4-5 活动位置

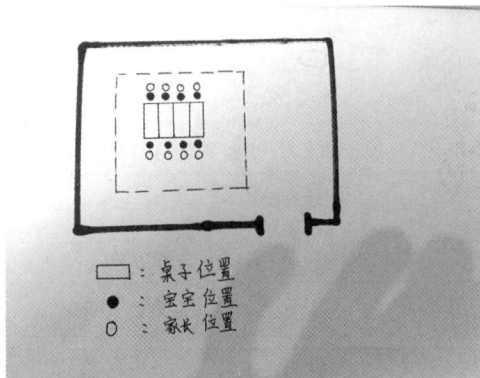

图4-6 分享月饼位置

留给宝宝。我们经常说,活动室大小是固定的,但家具布局是变化的。设计每一节亲子活动,都要从宝宝实际需要考虑,因为环境也渗透教育。

二、欢乐新年

(一)走线活动

音乐游戏导入		
活动目标	婴幼儿发展目标	在音乐游戏中感受新年的快乐。
	家长指导目标	在不同风格音乐中,培养宝宝音乐的感受力。
活动准备	老师穿中式红色礼服,音乐《伊比呀呀》。	
活动时间	3分钟。	
活动过程	1. 走线介绍。 师:宝宝们,新年就要到了,宝宝们又长大一岁了! 2. 情境导入。 (1)师:听,多么欢快的新年音乐!来,让我们一起转向圆心,跟着音乐一起拍手吧! (2)师:跟着音乐让我们一起拍拍肩膀、踏踏小脚……	
亲子指导	25—30个月的宝宝在走线环节欣赏的音乐可以是多元化的,带领宝宝感受不同风格的音乐,提升宝宝音乐感受能力。	
家庭活动延伸	在家中,家长可以有意识地引导宝宝关注新年的信息,知道自己大一岁了,有一种长大的自豪感。	

(二)问好活动

节奏问好		
活动目标	婴幼儿发展目标	在欢乐的气氛中互相祝福,感受新年到来的快乐。
	家长指导目标	鼓励宝宝对小伙伴的祝福要及时有礼貌地回应。
活动准备	歌曲《新年好》。	
活动时间	5分钟。	
活动过程	1. 情境导入。 师:宝宝们,你们跳得真棒,现在新年送祝福时间到了。 2. 互相祝福。 师:过新年的时候,我们要给朋友们送去美好的祝福。 新年好,新年好,××× 祝大家新年好! 3. 小伙伴们互相说新年祝福。 新年好,新年好,××× 祝大家新年好!	
亲子指导	25—30个月的宝宝能初步理解祝福的含义,可以用短语清晰表达节日祝福。通过送祝福游戏活动,加深对新年的理解和感知,增进和小伙伴的情感。家长之间也要互相热情地送新年祝福,营造新年欢乐的氛围,为宝宝做出示范。	
家庭活动延伸	家长引导宝宝当别人对你说祝福语的时候,要做出有礼貌的回应。	

(三)语言活动

故事:《祝你新年快乐》		
活动目标	婴幼儿发展目标	1. 感受故事,能模仿故事中角色的表情、动作或简单的对话部分。 2. 促进宝宝的记忆力、思维和连贯性语言的发展。

	家长指导目标	1. 家长引导宝宝利用已有经验回答教师的问题。 2. 观察宝宝是否能在语言提示中,一边翻书一边讲画面内容。
活动准备		故事课件,故事大书,绘本《祝你新年快乐》。
活动时间		12分钟。
活动过程		1. 情境导入。 师:新年到了,一只小老鼠想给伙伴们送新年贺卡,瞧! 他正在准备着呢。 2. 讲述故事。 (1) 师:小老鼠给小猫准备的新年贺卡上有什么呀? (鱼)为什么要给小猫画一条鱼呢? (2) 师:你看到了什么? (蜂蜜)猜猜这张贺卡是给谁送的? (3) …… (4) 这都是谁呀? 他们手里拿的什么呢? 贺卡上有什么呢? 3. 亲子时间。 家长和宝宝一起翻阅、讲述故事《祝你新年快乐》。 **附故事:《祝你新年快乐》** 　　新年快到了,小老鼠波波想寄卡片给他的好朋友。波波找了一张图画纸,画了一条鱼,送给小猫咪。波波找了一张大的图画纸,画了一罐又一罐的蜂蜜,送给小黑熊。波波找了一张再大一点的图画纸,画了一棵又高又大的苹果树,送给小红鸟。最后,波波找了一张最大的图画纸,画了一个大萝卜送给小兔子。波波把卡片寄出去之后,心里想:"他们会喜欢我的卡片吗?"第二天早上,波波听到敲门的声音,打开门一看,说:"哇,好大的一只蛋啊!"小猫咪、小兔子、小黑熊和小红鸟从卡片后面伸出头来开心地说:"波波,祝你新年快乐!"
亲子指导		家长在讲述故事的时候,应该注意语气语调的运用,表情、动作要适度夸张,吸引宝宝的注意。可以设计与故事相关的游戏活动,和宝宝一起"玩"故事,熟悉故事后,可以设计一些提问,帮助宝宝理解和复述故事。
家庭活动延伸		建议家长可以选择与新年相关的绘本故事,每天和宝宝一起看一看、读一读、听一听,享受亲子阅读时间。

(四) 艺术活动(美术)

美术活动:新年贺卡(粘贴、添画)		
活动目标	婴幼儿发展目标	1. 通过粘贴、添画的方法制作新年贺卡,锻炼小手灵活性。 2. 感受新年的氛围,体验自己动手制作的乐趣。
	家长指导目标	1. 鼓励宝宝自己操作完成贺卡制作。 2. 锻炼宝宝的创造能力,感受同伴之间新年的祝福。
活动准备		卡纸,打卡印花,棉签,胶水,炫彩棒。

续　表

活动时间	12分钟。
活动过程	1. 情境导入。 师：新年就要到了，小老鼠波波制作了贺卡给他的好朋友，你们想不想制作贺卡也送给你的朋友呢？ 2. 示范讲解。 (1) 师：首先我们取出卡纸，捏住两个小耳朵和对面的两个小耳朵碰一碰，进行折叠。 (2) 师：选择你喜欢的打卡印花用胶棒粘贴在贺卡上。 (3) 师：还可以继续选择颜料点画、炫彩棒添画进行装饰。 3. 亲子创作。 (1) 宝宝发挥自己的创意，装饰贺卡。 (2) 教师观察并提醒家长不要替代，让宝宝独立完成作品。 4. 作品欣赏。 师：你想把贺卡送给谁？想对他说什么？让爸爸妈妈写下来吧！
亲子指导	25—30个月的宝宝可以使用不同的美术操作材料进行简单装饰，在粘贴的过程中让宝宝练习用食指和拇指撕贴的技能，锻炼手部的精细动作。在装饰过程中，父母要多给宝宝机会，让宝宝自己尝试大胆布局和装饰。鼓励宝宝自由创作的行为，给予肯定。
家庭活动延伸	在家庭生活中，可以利用家里已有的材料，继续制作卡片，送给家庭其他成员和更多的好朋友，感受新年的欢乐氛围和自己动手操作的成功感。

（五）动作发展活动

粗大动作活动：溜溜布		
活动目标	婴幼儿发展目标	1. 掌握平衡的方法（如平举双手），锻炼身体的协调能力。 2. 尝试新游戏，锻炼胆量。
	家长指导目标	1. 了解孩子平衡能力的发展，根据情况延伸练习。 2. 指引家长积极参与游戏互动，增进亲子之间的情感。
活动准备	溜溜布。 	
活动时间	10分钟。	
活动过程	1. 热身运动。 播放《小动物模仿操》，宝宝和家长一起做热身操。 2. 玩一玩溜溜布。 (1) 师：溜溜布放在地面上，老师带领宝宝在溜溜布上走一走，小手打开保持平衡。 (2) 师：在溜溜布上像小乌龟一样爬一爬，不要爬出溜溜布。 (3) 师：溜溜布变成滑梯啦，宝宝可以来滑一滑。 3. 亲子游戏。 (1) 请6名家长两侧站立拉起溜溜布长边，等宝宝坐稳后一侧抬高让宝宝滑下。 (2) 2名家长站在溜溜布短边接应宝宝，教师全程指引和保护宝宝。	

续 表

亲子指导	25—30个月的宝宝对于一些没有尝试过的游戏会有一种畏惧感,需要家长以饱满的热情参与到活动中,用语言鼓励宝宝大胆尝试,消除宝宝的畏惧情绪反应,带动宝宝积极参与游戏活动。
家庭活动延伸	在家里也可以开展类似的活动,家庭成员使用安全的毛巾被或毛毯一起玩游戏,锻炼宝宝的平衡能力,在欢笑声中享受亲子游戏的甜蜜时间。

（六）再见活动

再 见 活 动	
活动目标	引导宝宝参与再见活动,锻炼宝宝的肢体协调能力。
活动准备	音乐《伊比呀呀》。
活动时间	3分钟。
活动过程	教师邀请宝宝和家长一起跟随欢乐的音乐舞蹈并拥抱告别,相约春天再见。
亲子指导	25—30个月的宝宝参加亲子活动一段时间后,建立了初步的同伴友好关系。活动结束后可以相约一起回家,互相说一声"再见",建立与他人之间最初的和谐关系。
家庭活动延伸	在家中,和宝宝翻阅与再见相关的绘本,让宝宝变得更加有礼貌。

家园合作（信息推送）

尊敬的家长朋友,您好! 新年即将到来,我们和宝宝在"欢乐新年"活动中,让宝宝知道新年到来,在欢乐的气氛中互相祝福,感受新年的快乐。我们在讲述故事《祝你新年快乐》后和宝宝一起制作了新年贺卡,体验自己动手制作新年贺卡的乐趣,感受新年的氛围。回家后,可以继续制作卡片,送给家庭其他成员和更多的好朋友。在"溜溜布"游戏中,锻炼了宝宝的平衡能力,宝宝们玩得意犹未尽。在家里和家庭成员一起,使用安全的毛巾被或毛毯继续开展类似的活动,一起在欢笑声中享受亲子游戏的甜蜜。

活动随笔

做一名有教育机智的老师

活动回顾

最近这几天活动室门口小学校的移动板房正在进行拆除。上午第三节活动课,活动室玻璃幕墙外一辆大型吊车开始启动,随着吊臂摆动、轰鸣的声音,宝宝们的注意力一下子被窗外的这个大型的吊车吸引了。有的宝宝激动地大喊:"吊车,吊车!"有的宝宝高兴地大叫起来趴在玻璃幕墙上挥舞着小手,一时间班内混乱起来。在这个时候我的想法是让宝宝们尽快恢复活动的秩序,然后我将窗帘拉起来说,游戏结束后让爸爸妈妈带着你们去看大吊车吧! 所有的宝宝虽然在家长的帮助下恢复了活动,但还会时不时转向拉着窗帘的方向,气氛也没有活跃起来。

活动后,我请教了有经验的老师,其中有一句话印象很深:"要学做着一名有教育机智的老师。"

我回家后查了一下"教育机智",即"教师在教育、教学过程中的一种特殊定向能力,是指教师对学生活动的敏感性,能根据学生新的特别是意外的情况,迅速而正确地作出判断,随机应变地及时采取恰当而有效的教育措施解决问题的能力。这是教师良好的综合素质和修养的外在表现,是教师娴熟运用综合教育手段的能力"。教育机智引领下教师的行为应该是善于将教学中突发的事件转化为当下的课程,既然宝宝们对于吊车这么感兴趣,教师可以抓住机会,引导宝宝看一看大吊车的工作过程,而不是简单地制止、硬性地转移注意力。观察一会儿后告诉宝宝们,现在我们不要打扰大吊车工作,如果你要在接下来的游戏中表现得棒棒的,我们会让爸爸妈妈带你继续看大吊车工作。然后,再把窗帘轻轻拉起来,继续活动……

活动所思

课程活动的设计应该从宝宝的兴趣点入手,而"教育机智"总是针对教育教学过程中的随机事件,是不能事先计划的,因为它总是在具体的、无法预见的情境中自然迸发出来的。然而,计划往往是逻辑性强的、在意料之中的、可预见的。

出现教育突发事件时,教师要保持对教育契机高度的敏感,抓住突发事件中教育契机转化为当下的课程资源,引领宝宝成长。

这个活动让我意识到成为一名更加有专业水平和能力的教师还任重而道远。我们必须掌握更多的专业知识和技能,更加自如地面对活动时有可能会出现的各种突发事件,将专业智慧转化为教育契机。

第五章

31—36个月亲子活动设计

第一节 成 长 篇

主题说明

　　"成长篇"的设立,以培养2—3岁婴幼儿独立自主精神、增强宝宝自信心为目标,选择适宜宝宝身体运动能力发展的系列亲子游戏。在活动中,有好听的歌曲、有趣的撕贴、给娃娃喂豆、和家长一起蹬小车等,让宝宝在亲子游戏中愿意尝试,积极参与。在这个过程中,小手小脚变得更加灵活,触觉更加敏感,宝宝变得更聪明、更富有创造性,思维也更加开阔。"成长篇"同时帮助家长转变教育观念,让家长多给宝宝提供动手锻炼的机会,从日常生活小事做起,培养宝宝的独立性。心理学家埃里克森表示,2—3岁是培养孩子独立自主能力的关键期。这一时期宝宝具备了独立做事的能力,爸爸妈妈请放开束缚他们的双手吧,鼓励、支持宝宝用他们的身体、眼睛、嘴巴、鼻子、双手和小脚丫自由探索,也相信他们一定会给你们惊喜不断的!

一、我的身体

（一）走线活动

徒手走线		
活动目标	婴幼儿发展目标	发展肢体动作协调能力。
	家长指导目标	用动作示意宝宝要保持安静,认真倾听。
活动准备	舒缓的音乐,人物指偶。 	

活动时间	3 分钟。
活动过程	1. 走线介绍。 (1) 师：现在开始我们今天的第一个活动——走线。 (2) 师：宝宝们，今天老师请来了乐乐的一家，让我们一起来认识一下他们吧！（教师取指偶逐一介绍） (3) 请宝宝选取一个人物指偶并套在食指上。 2. 情境导入。 (1) 师：乐乐的一家来到草地上，有谁和乐乐一起看故事书呢？……有谁和乐乐的爷爷一起晒太阳呢？ (2) 师：哇，今天玩得真开心！现在乐乐的一家有些累了，让我们送他们回家吧！
亲子指导	31—36 个月的宝宝开始关心周围的人，特别是与自己生活紧密相关的人，在与宝宝互动中，增进对家人的认知关系亲密度。
家庭活动延伸	在家中，可以和宝宝一起翻看全家福，指认家人，增进亲密度。

（二）问好活动

节 奏 问 好		
活动目标	婴幼儿发展目标	1. 在有节奏的互动中介绍自己，认识更多小伙伴。 2. 安静倾听其他宝宝自我介绍。
	家长指导目标	1. 了解节奏问好的方法。 2. 和宝宝一起有节奏地回应。
活动时间	4 分钟。	
活动过程	1. 节奏问好。 师：小手小手拍拍，请把眼睛藏起来。小手小手拍拍，请把眼睛变出来。 2. 师：×××，×××，请你介绍你自己。 3. 宝宝：小手　小手　拍拍！我叫×××。 4. 师：×××，×××，大家拍手欢迎你。 $\frac{2}{4}$　×× 　×× ｜ ×× ｜×××× ｜×× ｜× — ‖	
亲子指导	31—36 个月的宝宝喜欢在节奏中互动，在节奏问好中，被点到名字的宝宝，有节奏地回应。轻松愉快的游戏方式，会使宝宝更加放松，更愿意表现自己。	
家庭活动延伸	在日常生活中，家长要创设条件让宝宝主动与认识的人打招呼，要耐心地引导倾听。	

（三）艺术活动（美术）

美术活动：天使娃娃（手工）		
活动目标	婴幼儿发展目标	1. 熟悉故事，制作天使娃娃，尝试自己设计。 2. 在粘粘贴贴中发展想象，激发创造表现。
	家长指导目标	1. 观察宝宝，当有需要时给予适度指导。 2. 鼓励宝宝设计制作不同的天使娃娃，比如彩色毛球的粘贴。

活动准备	水彩笔,圆形卡纸,彩色毛球,眼睛贴,蝴蝶结装饰,双面胶。
活动时间	12分钟。
活动过程	1. 情境导入。 师:今天我们来制作一个可爱的天使娃娃。 2. 示范讲解。 (1) 教师示范制作天使娃娃。 师:两只手的大拇指和食指捏住双面胶撕开,将卡纸的开口处粘贴起来。 (2) 教师示范毛球、眼睛贴、蝴蝶结粘贴的方法。 3. 亲子创作。 (1) 教师观察并提醒家长不要替代,让宝宝独立完成作品。 (2) 鼓励宝宝完成的作品可以和老师不一样。 4. 作品欣赏。 (1) 师:互相看一看,小伙伴做的和你一样吗? 哪里不一样呢? (2) 师:我们和天使娃娃一起拍张照片吧!
亲子指导	31—36个月的宝宝小手肌肉动作发展是关键期,多和宝宝一起动手做一些小手工,在游戏中锻炼手部精细动作和手眼协调。在操作过程中,鼓励宝宝自己动手操作。如果宝宝撕双面胶有困难,家长可以帮助撕开一个小开口,鼓励宝宝用拇指和食指配合耐心地将纸撕开。给予宝宝正面的鼓励与肯定。
家庭活动延伸	"天使娃娃"形象可爱,非常受宝宝喜爱,设计这次活动是从宝宝熟悉的故事《天使娃娃》延伸出来的。在家庭中,可以准备类似的操作材料,继续进行制作,可以制作出大小不同的天使娃娃一家。

(四) 动作发展活动(精细动作活动)

	精细动作活动:娃娃喂豆(舀倒类)	
活动目标	婴幼儿发展目标	1. 训练手腕的控制能力和使用工具的技能。 2. 锻炼取物移物的能力及手眼协调能力。 3. 丰富日常生活经验的积累,加强自我服务意识。
	家长指导目标	1. 观察宝宝取物移物的技能掌握情况,有针对性地强化巩固。 2. 了解掌握舀倒技能对于宝宝手眼协调能力发展的重要性。
活动准备	抽纸盒做的大嘴娃娃,装有芸豆(或蚕豆)的小碗,长柄、短柄的勺子若干。	
活动时间	12分钟。	

活动过程	1. 教师以标准的姿势取学具。 师：接下来是精细动作活动时间。 （1）教师分三个方位介绍学具名称：娃娃喂豆。 （2）教师把学具从操作盘中依次取出摆放。 2. 示范操作。 （1）双手拿起装有豆子的小碗摇一摇，吸引宝宝注意。 师：娃娃饿了，我们给她喂一些豆子吧！ （2）示范握住勺柄从小碗中舀出豆子喂进娃娃嘴巴里。 （3）师：一次只喂娃娃一颗豆！瞧，娃娃吃豆了。 （4）拿着空碗展示给宝宝看，摇摇头示意没有了。 师：娃娃吃饱啦，谢谢宝宝。 3. 整理学具。 将学具整齐放入操作盘。 师：东西从哪里拿，送到哪里去。 4. 向家长介绍活动目标及家庭活动延伸。 5. 亲子操作，教师巡回指导。 观察宝宝使用工具取物移物的技能掌握情况，有针对性地给予指导。
亲子指导	31—36个月的宝宝非常喜欢"舀倒"的动作，在生活中，他们喜欢将豆子、米饭用勺子舀过来舀过去，乐此不疲。我们设计大嘴娃娃，让宝宝有任务意识，玩起游戏更加专注。在游戏中愉快、自然地掌握使用勺子进行取物移物的技能，较好地发展宝宝的手眼协调能力和对应匹配能力。 在活动中提供长短不一的勺子，观察宝宝使用工具情况，可以有针对性地后续练习巩固。培养宝宝学会利用工具解决生活中的问题。 在生活中，可以锻炼宝宝手腕控制能力和手眼协调的游戏还有很多。例如：洗澡的时候在盆里放几个小鸭子，宝宝使用小桶或大木勺捞出来送小鸭子回家。
家庭活动延伸	生活中可以让宝宝在家继续练习。让宝宝尝试使用大小、长短不同的勺子舀豆子，练习准确地将豆子舀到另一个碗中。游戏时一定注意宝宝安全，防止误食。 剥鸡蛋、剥香蕉、剥糖果等活动都有助于宝宝双手配合、手眼协调的发展，可以尝试让宝宝多参与。

（五）动作发展活动（粗大动作活动）

粗大动作活动：蹬小车		
活动目标	婴幼儿发展目标	1. 通过垫上游戏"蹬小车"锻炼下肢的力量。 2. 锻炼身体协调性。
	家长指导目标	1. 与宝宝进行对蹬练习时应掌握节奏，不宜过快。 2. 陪伴宝宝进行大运动游戏，时间不宜过长，要循序渐进。
活动时间	10分钟。	
活动准备	玩具小蹬车。	
活动过程	1. 情境导入。 师：你们骑过小车吗？ 2. 学习儿歌《蹬小车》。 3. 示范游戏。 第一种玩法：宝宝躺在垫上，家长双手抓住宝宝双脚，左右腿前后交替蹬小车。 第二种玩法：宝宝躺在垫子上，和家长脚心对脚心蹬小车。 4. 亲子时间。 师：边说儿歌边游戏更有趣哟！ 5. 户外蹬小车游戏。 **附儿歌：《蹬小车》** 蹬小车，蹬小车，我和××蹬小车。 左一下，右一下，蹬着小车去公园。	

亲子指导	31—36个月的宝宝下肢力量明显增强,蹬小车是宝宝喜欢的游戏之一,垫上练习能掌握蹬小车的技能,户外蹬小车时需要家长及时给予帮助,注意时间不要过长,以免宝宝疲劳。
家庭活动延伸	将游戏带回到家中,让其他家庭成员也和宝宝在垫子上玩一玩蹬小车的游戏。注意在垫子上练习或户外蹬小车时,可以创设一些情节,比如宝宝要去哪里呀? 增加游戏的趣味性。

（六）再见活动

再 见 活 动	
活动目标	以愉快的方式结束课程,给宝宝创设温馨的氛围。
活动准备	歌曲《宝宝再见》。
活动时间	4分钟。
活动过程	教师、宝宝以及家长一起跟随音乐跳《宝宝再见》舞蹈。 **附歌曲:《宝宝再见》** 　　　爸爸再见,我们挥挥手! 　　　妈妈再见,我们挥挥手! 　　　小朋友再见,我们挥挥手! 　　　今天游戏就要结束了, 　　　我们明天再见面, 　　　再见了,再见了,再见了!
亲子指导	31—36个月的宝宝愿意边唱边跳,家长要和宝宝一样,边唱边跳,为宝宝做出示范。
家庭活动延伸	回到家里找一些便于宝宝模仿的熟悉歌曲和舞蹈,带着宝宝一起跟随音乐练习跳再见舞。

家园合作（信息推送）

　　尊敬的家长朋友,您好! 今天我们和宝宝一起开展了亲子活动"我的身体",宝宝动手制作形象可爱的"天使娃娃"。请在家中准备类似的操作材料,继续进行制作,可以制作出大小不同的天使娃娃一家;在家里继续练习使用勺子喂娃娃,锻炼舀倒物体技能。还可以练习剥鸡蛋、剥香蕉、剥糖果等,都有助于宝宝双手配合、手眼协调能力、手指精细动作的发展;如果有时间,可以让其他家庭成员也和宝宝在垫子上玩一玩蹬小车的游戏,注意在垫子上练习或户外蹬小车时,可以创设一些情节,比如宝宝要去哪里呀? 增加游戏的趣味性。心理学家埃里克森表示,2—3岁是培养孩子独立自主能力的关键期。这一时期宝宝具备了独立做事的能力,爸爸妈妈如果放开束缚他们的双手,让宝宝们用自己的身体、眼睛、嘴巴、鼻子、双手和小脚丫自由探索,他们一定会带给你们无限的惊喜!

活动随笔

请把游戏带回家

活动回顾

"蹬小车"游戏是宝宝们第一次练习。组织宝宝活动时大致有以下的两种情况。

一是教师直接请宝宝躺下来与家长脚心对脚心,进行"蹬小车"游戏。很多宝宝对蹬小车的方法掌握不好(将双腿抬起屈膝后脚心和家长的脚心碰在一起前后蹬动)。

二是有些宝宝是由奶奶、爷爷陪同参加游戏,由于需要双腿屈腿用力,很多祖辈由于膝关节疼痛、不方便躺卧等原因不能陪同宝宝进行这个游戏。

活动时我们发现很多宝宝或是坐在一边儿看着,或是努力地去尝试但是仍然没有掌握方法,导致很快就失去了参与游戏的兴趣。

活动所思

我们在教研后进行了一些调整。

在游戏中遵循"由易到难"的原则,重新设计游戏。游戏的课堂部分让宝宝躺在垫子上,家长跪坐在宝宝面前,双手抓起宝宝双脚后,先带着宝宝左右腿交替前后蹬动,进行游戏动作练习。鼓励家长和宝宝进行游戏的同时有节奏说一说儿歌的内容,增加趣味性,也解决了祖辈带宝宝玩游戏不方便躺卧等问题。

在活动后倡导"请把游戏带回家",继续换花样玩游戏。在活动中很多祖辈带宝宝参加,所以很多游戏的花样玩法和延伸部分我们向家长进行详细示范讲解,让参与活动的家长了解多种游戏玩法。例如:家长和宝宝同时躺卧垫子,脚心对脚心蹬小车。家长可以选择尝试,教师给予一定的指导。除此之外,教师鼓励家长将游戏带回家中,让其他家庭成员和宝宝继续开展游戏。

重新进行了调整后,在游戏中很多宝宝跟着蹬小车的节奏,和家长一起有节奏地唱念儿歌,祖辈家长也能和宝宝一起开展游戏。宝宝的活动兴趣明显增强。

二、美味食物

(一) 走线活动

托物走线		
活动目标	婴幼儿发展目标	1. 锻炼上肢挺拔。 2. 锻炼手臂和身体的控制力。
	家长指导目标	1. 保持安静,陪伴在宝宝身边走线。 2. 知道托物走线可以加强宝宝身体的方向感和平衡感。
活动准备	轻柔的音乐,好吃的食物图卡,小盘子。 	
活动时间	5分钟。	
活动过程	1. 走线介绍。 师:请每一个宝宝双手端好小盘子,开始我们的走线活动吧。 2. 情境导入。 (1) 师:今天早上你们吃了什么呢? 让我猜猜看。 (2) 师:请和你旁边的小伙伴交换一下小盘子。 (3) 师:现在请家长朋友带着宝宝回到线上,让我们继续出发。请看看现在盘子里有什么? 闻一闻,香不香? 也给妈妈闻一下吧!	
亲子指导	31—36个月的宝宝可以双手托物身体保持平衡地走线,但时间不宜过长。要创设一定的情境引起宝宝坚持走线的兴趣,塑造挺拔的身姿。	
家庭活动延伸	在家里可以请宝宝帮助家人完成小任务的方式,练习托物走线。	

（二）问好活动

节 奏 问 好		
活动目标	婴幼儿发展目标	能大方地在集体面前介绍自己和自己喜欢吃的食物。
	家长指导目标	当宝宝大胆介绍完自己,应奖励一个大大的拥抱。
活动准备	学具娃娃。	
活动时间	5分钟。	
	1. 节奏问好。 (1) 师:宝宝,家长,早上好! (2) 宝宝:××　老师,早上好! 早上好! 2. 娃娃自我介绍。 娃娃:大家早上好,我叫琪琪,我是一个女生,我喜欢吃×××,请问你喜欢吃什么? 3. 宝宝依次自我介绍。 师:现在请从××宝宝开始吧! $$1=C\ \frac{2}{4}\quad XX\quad 0\mid XX\ 0\mid XX\mid X\ -\parallel$$ 师:宝宝　　家长　,早上　好! $$1=C\ \frac{2}{4}\quad XXX\mid XX\ X\mid XX\mid X\ -\parallel$$ 宝宝:　老师,早上好,早上　好!		
亲子指导	31—36个月的宝宝喜欢和小伙伴一起游戏,经过一个假期,略微会有一些陌生的感觉,家长不要勉强,提示宝宝可以用动作回应打招呼。	
家庭活动延伸	生活中应多鼓励宝宝说一说自己喜欢吃的食物,鼓励宝宝不挑食,做一个健康的小宝宝。	

（三）艺术活动（音乐）

音乐活动:好吃的食物(歌唱)		
活动目标	婴幼儿发展目标	1. 感受歌曲的节奏并学唱歌曲。 2. 愿意用肢体语言表达对歌曲的理解。
	家长指导目标	1. 家长积极参与活动,投入的状态是给宝宝最好的示范。 2. 鼓励宝宝用肢体语言表达对歌曲的理解。
活动准备	歌曲《好吃的食物》。 歌曲《好吃的食物》	
活动时间	12分钟。	
活动过程	1. 情境导入。 (1) 师:宝宝们今天早餐吃了什么呢? (2) 师:老师带来了有很多好吃的食物的一首歌,听听都有什么呢? 　　(面包,牛奶……) 2. 欣赏图片。 (1) 师:在歌里有许多食物,我们一边听,一边看一看吧! (2) 师:宝宝们,我们都有什么食物呢?	

	3. 声势练习。 (1) 师：请家长在宝宝的肩膀上拍打节奏。 (2) 师：请宝宝伸出小手拍一拍吧！
亲子指导	31—36 个月的宝宝能说出生活中常见物品的名称和用途。在活动中引导宝宝说出常见的食物名称，引导宝宝用好听的声音念歌词，理解并掌握。
家庭活动延伸	回到家里的时候，家长朋友们可以准备食物图片，让宝宝通过图片联想歌词，锻炼迁移能力发展，在家中看着图片唱唱歌吧！尝试将新的图片编进歌曲里唱一唱。

（四）艺术活动（美术）

美术活动：好吃的面条（撕贴）		
活动目标	婴幼儿发展目标	1. 在掌握撕纸方法的基础上，练习撕出长一点的面条。 2. 锻炼手指小肌肉控制能力。
	家长指导目标	1. 鼓励宝宝双手配合，撕出长一点的面条。 2. 培养宝宝对美术活动的兴趣。
活动准备	薄一点的彩纸，皱纹纸，大碗的图片，胶水，棉签。 	
活动时间	10 分钟。	
活动过程	1. 教师以标准姿势取学具。 (1) 师：接下来是美术活动时间。 (2) 教师分三个方位介绍手工操作材料。 2. 示范操作。 (1) 师：宝宝们，面条长长的，香香的，真好吃！今天我们为爸爸妈妈做一碗好吃的面条吧！ (2) 教师示范两只手的大拇指和食指捏住彩纸，一只手向前一只手向后用力撕。 (3) 师：撕面条时不要快，要耐心，慢慢地撕，看！一根长长的面条做好了。 (4) 师：把面条的两端涂上胶水，放在碗中。团一些皱纹纸做青菜或调料装饰一下。 3. 亲子创作。 (1) 教师观察并提醒家长不要替代，让宝宝独立完成作品。 (2) 家长和宝宝一起撕面条，速度要慢一些，装饰面条时要鼓励宝宝自由创作。 4. 作品欣赏。 师：哇，这么多好吃的面条，面条撕得长长的，营养美味又健康！	
亲子指导	在设计美术活动时，善于运用宝宝容易操作的材料（如薄彩纸、报纸、皱纹纸等），选取制作生活中常见的美食。通过撕、贴、团圆等多种动作练习，在鼓励与肯定中独立完成撕纸粘贴的活动，同时引导宝宝养成不挑食的饮食习惯。	
家庭活动延伸	回家后，家长可利用超市宣传彩页或报纸让孩子继续练习撕纸活动。用撕纸、装饰的形式激发宝宝对美术活动的兴趣，发展宝宝的想象力和观察力，培养宝宝良好的饮食习惯。通过宝宝与家长的合作与创作，增进亲子交流与沟通。	

（五）语言活动

手指谣：《包饺子》		
活动目标	婴幼儿发展目标	1. 感受边做手部动作边配合儿歌朗诵的快乐，调动口语表达的积极性。 2. 克服害羞，敢于在大家面前表演，建立自信。
	家长指导目标	1. 参与并欣赏宝宝的表现，给宝宝信心与鼓励。 2. 和宝宝一起朗诵手指谣，近距离地互动游戏，增进亲子交流。
活动准备	音乐《喜洋洋》。 音乐《喜洋洋》	
活动时间	10分钟。	
活动过程	1. 情境导入。 师：宝宝们，好吃的食物真是多，除了好吃的面条，我们也一起来包一包饺子吧！ 2. 示范手指谣。 师：边包饺子边唱歌谣，饺子包得又大又香！ 3. 朗诵手指谣。 (1) 师：小手伸出来，我们来包包饺子吧！ (2) 师：我们开始包饺子喽，准备好了吗？先洗洗手，擦一擦，抓一把面粉，和面团，好啦，现在准备包饺子吧！ 4. 亲子互动游戏。 师：现在我们一起跟妈妈面对面，包一包饺子吧！ **附儿歌：《包饺子》** 　　擀擀皮，和和馅。 　　捏捏饺子剁三下。 　　煮一煮，翻一翻。 　　捞起饺子晾一晾， 　　尝尝饺子香不香。 视频《包饺子》	
亲子指导	31—36个月的宝宝可以说朗朗上口、短小有趣的儿歌，喜欢和成人互动说童谣，选择宝宝生活中熟悉的食物边表演边朗诵，与生活经验对接，积累丰富的生活体验，激发宝宝表达的欲望，在宝宝愿意说并表演儿歌时，家长应用慈爱的目光对视宝宝，让宝宝感受到自己的朗诵能给爸爸妈妈带来一种喜悦感，提升自信。	
家庭活动延伸	在家里，选择一些内容生动、朗朗上口、容易记忆的儿歌和宝宝一起说一说，边说边做一做，既能激发宝宝朗诵儿歌的兴趣，也能较好地促进口语发展，提高语言表达能力。	

（六）再见活动

再 见 活 动
活动目标
活动准备
活动时间
活动过程
亲子指导
家庭活动延伸

再 见 活 动	
活动目标	以舞蹈的方式和小伙伴们互相再见，建立良好的伙伴关系。
活动准备	歌曲《宝宝再见》。
活动时间	3分钟。
活动过程	鼓励宝宝找一个小伙伴一起跳《宝宝再见》舞蹈。
亲子指导	31—36个月的宝宝愿意和同龄的小伙伴一起游戏，家长应鼓励、引导宝宝找一个小伙伴一起跳起来。
家庭活动延伸	在社区带宝宝游玩，回家的时候要提醒宝宝主动和小伙伴说"再见"，培养宝宝有礼貌的好习惯。

家园合作(信息推送)

尊敬的家长朋友,您好!我们和宝宝在主题活动"成长篇"的"美味食物"中,听着歌曲《好吃的食物》,用肢体语言表现对歌曲的理解;在有趣的撕、贴面条活动中,进一步激发了宝宝对美术活动的兴趣,发展宝宝的想象力、观察力,培养宝宝良好的饮食习惯;学习的手指谣《包饺子》,既激发宝宝唱念儿歌的兴趣,也锻炼了宝宝手指的灵活性。在家里,建议家长可以准备一些食物图片,让宝宝通过图片联想歌词,在家中把《好吃的食物》进行替换,一起唱唱歌;也可以选择一些内容生动、朗朗上口、容易记忆的手指谣和宝宝一起说一说,边说边做一做,促进宝宝语言表达能力和小手灵活性。相信在陪伴宝宝的过程中,您也会收获幸福满满!

活动随笔

包 饺 子 咯

活动回顾

今天的亲子活动是包饺子,活动过程如下。

1. 师:今天我们的活动是包饺子,现在请你们跟我先洗一洗小手吧。

2. 教师讲解手指谣《包饺子》:擀擀皮,和和馅,捏捏饺子剁三下,煮一煮,翻一翻,捞起饺子晾一晾,尝尝饺子香不香。饺子煮好了,现在端给妈妈闻一闻香不香。

3. (播放音乐)师:"包饺子咯,洗洗手,卷卷袖子,准备包饺子,擀擀皮,和和馅,捏捏饺子剁三下,煮一煮,翻一翻,捞起饺子晾一晾,尝尝饺子香不香,宝宝们,你们的饺子香不香?让我来闻一闻你们的饺子是什么馅的吧!你是芹菜馅的,你是猪肉馅的……"接下来,让我们再来包一次,这一次你们想包什么馅的饺子?

4. 师:现在请大家手拉手,围成一个大大的圆圈,坐下来。边听音乐《喜洋洋》边一起动手包饺子吧!

活动所思

今天语言活动是手指谣《包饺子》,活动的最后我们配上了音乐游戏"包饺子",使用的音乐是《喜洋洋》,这是一首非常喜庆的歌曲,很有过新年的气氛。采用什么样的音乐结合儿歌朗诵增加气氛?我们在活动前做了教研。经过筛选,最后选择《喜洋洋》这段音乐并将这段音乐进行了剪辑,音乐只保留了1分30秒,适合手指谣朗诵。在活动中,我们配上朗朗上口的手指谣,边做动作边和着欢快喜庆的音乐,宝宝们和家长们"包饺子"包得特别带劲。

这次活动,感受颇多:一节语言活动,如果加上适合的音乐,配上朗朗上口的节奏朗诵,气氛会特别的好;宝宝自己包饺子会很快没有兴趣,我们请宝宝围坐一圈,大家面对面包饺子,团圆的气氛一下子就出来了,宝宝们互相看着,互相学着,包得特别开心;我们还接着儿歌续编,"包饺子咯,洗洗手,卷卷袖子,准备包饺子,擀擀皮,和和馅,捏捏饺子剁三下,煮一煮,翻一翻,捞起饺子晾一晾,尝尝饺子香不香,宝宝们,你们的饺子香不香,让我来闻一闻你们的饺子是什么馅的吧!你是芹菜馅的,你是猪肉馅的……"。请宝宝拿起"饺子"让老师闻一闻、尝一尝,告诉老师包的饺子是什么馅,将活动变得更加生动有趣,更有生活气息。活动结束后,活动中心的大厅中还有很多宝宝在开心地交流自己的"饺子"呢!

第二节 动 动 篇

主题说明

2—3岁宝宝的小手小脚柔嫩又可爱,在日常生活中,他们很喜欢用小手到处去触摸,用小脚去踩各种各样的东西,我们利用宝宝的天性提供各种各样、丰富多彩的探索材料,让他们充分运用自己的小手、小脚玩游戏。在三周时间里,宝宝和家长一起利用颜料、各类球球做游戏,一起唱歌谣,一起跳舞……和爸爸妈妈在游戏互动中变得更加亲近。"动动篇"最大的特点是内容贴近生活,符合宝宝的年龄特点,取材方便,便于家庭延伸活动的开展。宝宝在亲子活动中,体验与同伴一起游戏的快乐。在游戏中自然地习得相关知识技能,同时锻炼手指、手掌、手臂等部位的肌肉力量,增强身体各关节的灵活度和视觉运动的能力。

一、小手小脚

(一) 走线活动

托 物 走 线		
活动目标	婴幼儿发展目标	1. 掌握托物走线的技巧。 2. 发展身体的控制力和协调能力。
	家长指导目标	知道托物走线可以练习宝宝挺拔的身姿,家长注意自己的身姿,做好示范。
活动准备	舒缓的音乐,小碗,小珠子。	
活动时间	3分钟。	
活动过程	1. 走线介绍。 (1) 师:接下来是我们今天的第一个活动——走线。 (2) 师:请家长和宝宝一起沿着垫子上的红色线走一走。 2. 情境导入。 (1) 师:我们和小珠子做游戏吧!听!小碗里的小珠子是不是有好听的声音呢? (2) 师:请宝宝双手捏着小碗的"耳朵",一个跟着一个继续走线吧! (3) 师:你们的小手真能干,小珠子都没有掉出来。 (4) 师:现在小珠子有点累了,让我们把小珠子送回家吧!	
亲子指导	31—36个月的宝宝可以控制自己的身体,模仿教师做出托物走线的动作。这个时期的宝宝多在模仿中习得技能,家长也要标准示范,便于宝宝模仿。	
家庭活动延伸	走线活动能较好地锻炼宝宝的平衡能力,家长在家中也可以播放舒缓的音乐,让宝宝尝试沿着地板线走一走,也可以托物走一走。	

(二) 问好活动

自 然 问 好		
活动目标	婴幼儿发展目标	1. 愿意在大家面前介绍自己的姓名、性别和年龄。 2. 举止大方地表现自己。
	家长指导目标	鼓励宝宝用自己的方式介绍自己。
活动准备	布偶小熊。	
活动时间	5分钟。	
活动过程	1. 布偶小熊问好。 布偶小熊:大家好,我叫×××,我是一个帅气的男生,今年两岁半了,希望大家喜欢我,谢谢! 2. 宝宝自我介绍。 (1) 布偶小熊:现在从我的右手边的宝宝开始吧! (2) 布偶小熊:当宝宝介绍自己后,大家要热情拍手表示欢迎。	

亲子指导	31—36个月的宝宝能够知道自己的姓名、年龄和性别,家长要鼓励宝宝主动到大家面前介绍表现自己,让更多的小伙伴认识自己,体验有朋友的快乐。
家庭活动延伸	在家里,家人之间也要注意礼貌问候,给宝宝做好示范。

（三）艺术活动(音乐)

音乐活动:《幸福拍手歌》		
活动目标	婴幼儿发展目标	1. 熟悉音乐节奏,根据歌曲用拍手、踩脚等不同肢体动作表现,锻炼思维灵活性。 2. 积极参与游戏,感受歌曲欢乐的气氛,体验亲子共同游戏的快乐。
	家长指导目标	1. 引导宝宝做出和歌曲符合的动作,家长模仿表演,给予宝宝肯定与鼓励。 2. 家长带宝宝一起参与亲子互动游戏,体验亲子游戏的幸福欢乐。
活动准备	歌曲《幸福拍手歌》。	 歌曲《幸福拍手歌》
活动时间	12分钟。	
活动过程	1. 谈话导入。 (1) 师:刚刚我们一直说"我爱你"的时候大家觉得幸福吗? (2) 师:你们觉得还有什么时候比较幸福呢?(和爸爸妈妈一起玩) (3) 师:下面听一首歌曲,听完后告诉我歌里是怎样表达幸福的。 2. 学习歌曲。 (1) 师:谁来告诉我你听到了什么? (2) 师:这些都是用身体动作来表示幸福的,对吗? (3) 师:现在,我们一边唱一边来做动作吧! 3. 亲子游戏。 师:宝宝们唱得真好听!请你们想一想,我们还可以用什么样的动作来表达自己的幸福呢? (拍拍肩,跳一跳)	
亲子指导	《幸福拍手歌》是一首欢快、节奏鲜明的歌曲,适合31—36月龄段宝宝欣赏。歌曲很容易调动宝宝参与表演的热情,家长和教师不必去刻意纠正宝宝的动作是否符合歌词,而是要观察宝宝的情绪反应。家长以饱满的热情参与到活动中,带动宝宝的情绪。并且,尝试替换歌词让宝宝模仿表演。例如,"如果感到幸福你就拍拍手"改为"如果感到幸福你就蹲一蹲"等,锻炼宝宝的思维灵活性和肢体的协调性。	
家庭活动延伸	《幸福拍手歌》是一首经典歌谣,带宝宝感受时,应鼓励宝宝尝试创编歌词,跳自己的幸福舞,增强宝宝对音乐活动的探索欲与表现力。亲子互动也会更加趣味性。	

（四）艺术活动(美术)

美术活动:桃花朵朵开(手指点画)		
活动目标	婴幼儿发展目标	1. 积极参与美术创作活动。 2. 感受美术活动的新颖性、趣味性,体验手指点画的乐趣。
	家长指导目标	1. 家长耐心引导,不急躁、不代替宝宝完成手指点画。 2. 在观察引导中增进亲子情感交流。

活动准备	颜料,抹布,玻璃墙上绘制桃树。
活动时间	12分钟。
活动过程	1. 情境导入。 师:春天到,桃花儿盛开了,今天我们要来做小小魔法师,一起变出很多很多的桃花,装饰我们的活动室。 2. 示范讲解。 (1) 师:用小手捏住棉签(示范二指对捏),蘸上颜料,"点"出一朵朵桃花。 (2) 师:漂亮的桃花完成了,让我们一起变出更多的桃花吧! 3. 亲子创作。 教师观察并提醒家长不要替代,鼓励宝宝自己独立地点出桃花朵朵。 4. 作品欣赏。 师:桃花在宝宝的帮助下全部盛开了,真是美极了! 邀请小伙伴在桃树前面拍照吧!
亲子指导	31—36个月的宝宝在绘画阶段属于涂鸦期,很喜欢涂涂画画。作为教师和家长要多设计有趣的游戏情境和适合宝宝动手操作的美术活动,激发宝宝参与美术活动的积极性。在活动中使用不同作画工具,采用多样的艺术表现形式,体验亲子共同参与美术活动创作的快乐。
家庭活动延伸	在家中让宝宝进行手指点画的练习,浴室的瓷砖墙面也是一个不错的选择。

（五）动作发展活动

粗大动作活动:大脚和小脚		
活动目标	婴幼儿发展目标	1. 训练走的动作技能,锻炼平衡能力,增强手臂和下肢肌肉的力量。 2. 提高身体动作的协调性和敏捷性,激发对活动的兴趣。
	家长指导目标	1. 鼓励家长与孩子一同游戏,增进亲子间的感情。 2. 观察宝宝游戏反应,有意识培养宝宝动作灵敏性。
活动准备	《小动物模仿操》伴奏音乐。	
活动时间	10分钟。	
活动过程	1. 热身运动。 (1) 师:今天我们要和爸爸妈妈一起玩一个好玩的游戏,先和老师一起动一动我们的身体吧! (2) 播放音乐,老师念儿歌《小动物模仿操》,宝宝和家长一起做热身操。 2. 游戏示范。 (1) 师:今天要和爸爸妈妈一起玩一个特别有趣的游戏叫"大脚和小脚"。 (2) 教师请一位宝宝协助做示范。	

续　表

	（3）教师与宝宝面对面站好，宝宝双脚踩在教师的双脚上，宝宝双手紧紧抱住教师的腿，教师用胳膊搂住宝宝腋下，跨步向前走，直到终点。 3．亲子游戏。 （1）师：请家长和宝宝面对面站在垫子的边线上。 （2）师：宝宝的小脚踩在家长的大脚上，现在自由走一走，试一试。 （3）师：接下来我们一起来进行一场小小的比赛，我们和爸爸妈妈一起从这条红线出发到对面的蓝线上，看看谁会先到达！ （4）播放音乐，亲子游戏。
亲子指导	31—36个月的宝宝喜欢和爸爸妈妈一起玩游戏，游戏带给宝宝愉悦的体验。带领宝宝玩"大脚和小脚"游戏时，要注意密切关注宝宝的情绪反应，如果宝宝感到害怕或不舒服，父母给予鼓励或及时停止游戏。在合作游戏时，动作一定要轻柔，态度要温和，用好的情绪感染宝宝、鼓励宝宝。
家庭活动延伸	在家中，只要条件允许，就要和宝宝一起玩一玩亲子互动游戏，可以是各种类型，大动作、精细动作、早期阅读游戏表演等，用良好的情绪状态陪伴宝宝，让宝宝在你的身边感到放松、愉快和享受。

（六）再见活动

再见活动	
活动目标	每一个宝宝都要和泰迪熊拥抱告别，相约下次参加活动。
活动准备	布偶泰迪熊，歌曲《Say goodbye，泰迪熊》。
活动时间	3分钟。
活动过程	以泰迪熊的口吻邀请宝宝和家长一起跳《Say goodbye，泰迪熊》舞蹈。 附歌词： 泰迪熊，泰迪熊，举起来， 泰迪熊，泰迪熊，say goodbye。 泰迪熊，泰迪熊，弯弯腰， 泰迪熊，泰迪熊，蹲下来。 泰迪熊，泰迪熊，转个圈， 泰迪熊，泰迪熊，坐下来。 泰迪熊，泰迪熊，I love you， 泰迪熊，泰迪熊，love me too。
亲子指导	在跳舞过程中，引导宝宝和泰迪熊一起跳，并和泰迪熊拥抱说"再见"。
家庭活动延伸	回到家里，可以让宝宝为家里喜爱的玩具布偶也跳一段舞蹈哟！

家园合作（信息推送）

　　尊敬的家长朋友，您好！2—3岁宝宝们喜欢用小手到处去触摸，用小脚去踩各种各样的东西，在"小手小脚"活动中，我们请宝宝充分运用自己的小手、小脚玩游戏。跟随《幸福拍手歌》增强宝宝对音乐活动的探索欲与表现力；用小手作画点桃花，感受美术活动的新颖性、趣味性，体验手指点画的乐趣；小脚踩在大脚上做游戏，训练走的动作技能，锻炼宝宝的平衡能力，增强手臂和下肢肌肉的力量，增进和爸爸妈妈的亲密情感。在家中，只要条件允许，就请您和宝宝一起玩一玩亲子互动游戏，可以是各种类型的游戏，大动作、精细动作、早期阅读游戏表演等。只要用心陪伴宝宝，用良好的情绪状态陪伴宝宝，宝宝在您的身边就会感到放松、愉快和享受。

活动随笔

二次备课，使活动更富有趣味性
——美术活动"桃花朵朵开"

教师的教学活动是具有一定目的的、有计划地引导宝宝开展活动的过程，在亲子活动中更是要让宝宝感受到活动的乐趣。宝宝的年龄小，对世间万物充满了好奇，想要大胆尝试一些新鲜的事物，去摸一摸、试一试，在不断的探索中感受自然，并在潜移默化中掌握相应的技能。在进行活动设计时，我们一备流程，二备思考，只有对设计不断思考、修正，才能让活动设计更有趣味性、适宜性。二次备课时教师需要考虑很多的因素：如何在活动中让宝宝大胆地尝试？如何让宝宝对活动充满兴趣？如何在活动中掌握技能，达到活动目标？在出现突发状况时应该怎样处理？

活动回顾

本次活动是主题"动动篇"中的美术活动"小手小脚"。最初设计是"手掌印画"，过程如下：每个宝宝发一张画纸，准备好颜料，宝宝们小手在颜料盆里轻轻地按一按，把小手掌印在画纸上。在备课的过程中，教师们感觉这样的活动对于已经30个月的宝宝来说并没有太多的挑战和兴趣，这样的印画活动形式，在上个学期"树叶印画"的活动中就已经有类似的操作。

活动所思

带着这个问题参加了每周的同课研讨活动，教师们提出这次活动是否可以合作完成，尝试着用一张大大长长的画纸合作完成集体的作品，这样可以增加活动趣味，发展宝宝的社会性。想法有了，可是问题也随之来了：第二天开展活动目前没有适合的画纸。于是，大家继续讨论，园长的一句话让我们打开了思路："既然没有这么大的画纸，我们就从环境中找画纸！""画在墙上怎么样？""我们的活动室有一面墙，是大大的落地玻璃幕墙！"这样具有创造力的想法很快激发了大家的热情。活动内容如果还是拓印手印是不是没有创意呢？带着新问题，我们继续深入研讨，最后我们打算先在玻璃幕墙上画出大大的桃树，让宝宝们点画桃花朵朵开。说画就画，画几棵？怎样才能满足参与活动宝宝的点画活动呢？讨论后，我们决定画一棵大大的桃树，宝宝们合作一起帮助桃树开出漂亮的桃花……

在准备美术活动的过程中，我们一直很激动。是的，为什么要将思维固定在已有的框架中呢？美术活动的目的就是让宝宝感受动手操作的乐趣，并且培养宝宝的审美能力。我们在不断地抛出问题、研讨问题，在二次备课中不断调整设计，在解决问题中享受欣喜。

在活动过程中还出现了一个"小插曲"，因为玻璃墙是透光的，活动时刚好阳光灿烂，光线毫无遮挡地照进室内，宝宝在墙上作画，视线正好对着阳光，宝宝们的眼睛刺得睁不开，总是要眯成一条缝，还有的宝宝直接说："我的眼睛有点不舒服。"怎么办呢？我试图在玻璃幕墙外面放块黑板，可是依然遮不住阳光，正在听课的园长做了一个手势示意，对，可以带宝宝到室外的玻璃墙作画呀！既然阳光的位置不可改变，那么换一个思维，玻璃墙双面都是可以用来作画的，宝宝的位置是可以灵活变动的呀！我们带着宝宝到室外，在玻璃幕墙外面继续手指点画"桃花朵朵开"。左图为宝宝在室外进行活动，瞧！宝宝们多认真呀！

经过一次次的思考和改进，一次充满想象力和创造力的美术活动诞生了，这样的经历对教师来说，实在太珍贵。它的价值不仅是学会了一次美术设计，而且教会了教师思考问题的方式，从而获得宝贵的经验。首先，作为早教教师要善于培养宝宝的想象力和创造力，在设计活动的过程中自己就要大胆发挥想象力，换个角度去思考问题，不要总是束缚在原有的计划中。打开思维，多一些角

图 5-1　在玻璃幕墙上作画

度,多一些维度,活动也会变得精彩纷呈!其次,作为一名早教教师要学会时刻反思教育行为,用敏锐的眼睛去发现活动中随时出现的问题,及时进行思考、调整和改进,将二次备课做到细致翔实、环节完整,这样才可以更好地达成活动目标,让宝宝们收获多多,也让早教教师拥有更多的职业幸福感和成就感。

二、跳动轨迹

(一)走线活动

模 仿 走 线		
活动目标	婴幼儿发展目标	锻炼认真听指令做动作的能力。
	家长指导目标	了解到和宝宝一起游戏时语言指导非常重要,做好语言组织,明确对宝宝的指令简单清晰。
活动准备	轻柔的音乐。	
活动时间	3分钟。	
活动过程	1. 走线介绍。 (1)师:接下来是我们今天的第一个活动走线。 (2)师:听着舒缓的音乐,请宝宝和家长手牵手,依次站在红色的线上。 2. 情境导入。 (1)师:今天我们要和大皮球做游戏。 (2)师:你们家里有大皮球吗?大皮球是什么样子的?请你学一学。 (3)师:现在让我们一起转向圆心,变成一个圆圆的大皮球。 (4)师:大皮球真好玩,圆圆大皮球球举起来……	
亲子指导	31—36个月的宝宝可以侧身走线,在变换方位的走线过程中,锻炼宝宝的平衡能力。	
家庭活动延伸	在回家的路上,可以让宝宝走一走路崖石,锻炼宝宝的身体平衡。	

(二)问好活动

游 戏 问 好		
活动目标	婴幼儿发展目标	1. 介绍自己的全名,会用语言和动作结合的方式介绍自己。 2. 增强自我意识。
	家长指导目标	1. 和宝宝一起认真聆听其他小伙伴的自我介绍并拍手欢迎。 2. 鼓励宝宝加上动作介绍自己,给别人留下好的印象。
活动准备	大皮球,布偶。 	
活动时间	5分钟。	

活动过程	1．布偶小熊自我介绍。 布偶小熊：大家好,我叫×××,我是一个帅气的男生,今年两岁半了,希望大家喜欢我,谢谢! 2．推球游戏找朋友。 (1)布偶小熊：大皮球,真有趣,滚过来滚过去,双手接过大皮球,向大家介绍你自己。 (2)布偶小熊：大皮球,真有趣,快快回到我这里。 (3)布偶小熊——将大皮球滚到宝宝身边。 3．宝宝依次介绍自己。
亲子指导	31—36个月的宝宝喜欢和皮球做游戏,接过球的宝宝都非常开心,大家都以热烈掌声欢迎宝宝,让问好活动充满了欢乐的氛围。
家庭活动延伸	在家里,家长和宝宝一起玩滚球游戏,编一些朗朗上口的儿歌"圆圆的皮球滚呀滚,一滚滚到你面前",接到球可以互相指令去完成一个小任务,试试吧!

（三）艺术活动（音乐）

音乐活动：大皮球（乐器演奏）		
活动目标	婴幼儿发展目标	1．感知歌曲,熟悉旋律,感受二拍子音乐的节拍与节奏。 2．尝试变换不同的力度敲击节奏棒,训练手眼协调和节奏感。
	家长指导目标	1．熟悉打击乐器,探索打击乐器的演奏方法。 2．认真聆听打击乐器不同的音色,尝试当指挥,带领宝宝感受玩乐器的快乐,培养宝宝的音乐感受力和表现力。
活动准备	大皮球,节奏棒,歌曲《大皮球》。	 歌曲《大皮球》
活动时间	10分钟。	
活动过程	1．欣赏音乐,熟悉旋律。 师：今天的歌曲是《大皮球》,我们一起听一听吧! 2．感受二拍子音乐的节拍与节奏。 师：请家长双腿伸直,宝宝坐在家长的膝盖上,家长上下弹动双腿,宝宝感受音乐的节奏。 3．大皮球跳一跳,感受轻和重的不同。 (1)教师拍皮球,模仿皮球跳一跳。 师：你们看,大皮球是怎么跳的呢? (2)总结：拍得重,跳得高;拍得轻,跳得低。 (3)游戏拍皮球,感受节奏,巩固对轻重的认知。 4．出示并介绍节奏棒,探索不同的敲击方法。 (1)引导宝宝感受并练习使用节奏棒的不同力度。 (2)练习用重击的方法表现大皮球跳得高,用轻敲的方法表现大皮球跳得低。 (3)亲子合奏,表现歌曲。 5．送乐器,建立乐器使用规则意识。 师：乐器从哪里拿,就要送回到哪里去。	
亲子指导	31—36个月的宝宝非常喜欢敲击节奏棒,喜欢探索节奏棒的不同敲击方法。欣赏歌曲《大皮球》,先请宝宝观察皮球有时跳得高,有时跳得低的特点,引导宝宝使用节奏棒的力度也要不同,重击表现大皮球跳得高,轻敲表现大皮球跳得低。培养宝宝对音乐的感受能力。建立初步的乐器演奏的规则意识,例如：宝宝在演奏乐器的时候,眼睛要看指挥,使用完乐器要送回操作柜等。	

续　表

家庭活动延伸	在生活中,家长要熟悉打击乐器的演奏方法。有意识让宝宝欣赏不同节奏的音乐,练习按节奏做动作或是进行节奏拍打练习、乐器演奏等活动,培养宝宝的对音乐的节奏感和喜欢参与音乐活动的兴趣。

（四）艺术活动(美术)

<table>
<tr><td colspan="3" align="center">美术活动：跳舞的乒乓(滚画)</td></tr>
<tr><td rowspan="2">活动目标</td><td>婴幼儿发展目标</td><td>1. 初步学会乒乓球滚画的方法,锻炼手部的掌控能力。
2. 在感知颜色的基础上,发现色彩的美丽,体验滚画的乐趣。</td></tr>
<tr><td>家长指导目标</td><td>1. 家长用语言指导宝宝完成滚画作品。
2. 鼓励宝宝介绍自己的作品。</td></tr>
<tr><td>活动准备</td><td colspan="2">鞋盒盖子,画纸,乒乓球,颜料,勺子,欢快的音乐。

</td></tr>
<tr><td>活动时间</td><td colspan="2">15 分钟。</td></tr>
<tr><td>活动过程</td><td colspan="2">1. 情境导入。
师：今天乒乓球要去参加舞会,让我们也一起去吧!
2. 示范讲解。
(1) 教师分三个方位介绍滚画工具。
(2) 教师示范双手握住盘子两边,进行滚画。
师：小球开始跳舞啦!(教师播放欢快的音乐)
(3) 师：音乐停了,小球要去换衣服。(教师示范用小勺取出小球,擦干净后换颜色)
师：小球继续跳舞。(播放不同的音乐)
3. 亲子时间。
教师观察宝宝进行乒乓球滚画的情况并提醒家长不要替代,让宝宝独立完成作品。
4. 作品欣赏。
师：哇,今天的乒乓球玩得很开心,让我们互相看一看你的乒乓球跳的是什么舞蹈?家长和宝宝为自己的作品想一个名字并主动介绍自己的作品。</td></tr>
<tr><td>亲子指导</td><td colspan="2">31—36 个月的宝宝喜欢和颜色做游戏,尤其是自由的创作过程,设计"跳舞的乒乓"通过自由控制乒乓球的动态滚动形成作品,对宝宝来说妙不可言。作画工具很简单,就是取材方便的鞋盒,但宝宝玩得乐此不疲,发展了宝宝主动探究的能力的同时,也体验了美术活动带来的愉悦与满足。</td></tr>
<tr><td>家庭活动延伸</td><td colspan="2">在家里可以为宝宝提供鞋盒盖子、纸箱子等废旧立体盒子作为滚画底板,准备几颗小球,让宝宝自由玩颜色。和小球做游戏的过程也是锻炼宝宝手眼协调、提高视觉追踪能力的过程。设计难易适中的美术活动,也使宝宝较容易获得成功感,能进一步激发他们主动参与活动并建立自信心。</td></tr>
</table>

（五）动作发展活动

<table>
<tr><td colspan="3" align="center">粗大动作活动：投球</td></tr>
<tr><td rowspan="2">活动目标</td><td>婴幼儿发展目标</td><td>1. 提高"投"的动作的准确性，培养对体育活动的兴趣。
2. 练习投掷能力，促进上肢力量发展。</td></tr>
<tr><td>家长指导目标</td><td>1. 观察宝宝投球情况，用语言鼓励，体验将球投中目标的喜悦。
2. 指导宝宝练习投掷，锻炼手眼的协调能力。</td></tr>
<tr><td>活动准备</td><td colspan="2">彩旗兜兜，海洋球，筐子。
</td></tr>
<tr><td>活动时间</td><td colspan="2">10 分钟。</td></tr>
<tr><td>活动过程</td><td colspan="2">1. 热身环节。
教师播放音乐，跟随音乐做球球热身操。
师：小球继续和我们玩游戏。
2. 教师示范。
（1）师：请家长围着彩旗兜兜，宝宝来投球。
（2）宝宝可以选择两种不同的方式进行投球。（教师示范）
师：家长腰间系上彩旗兜兜，宝宝距离家长 1.5—2 米。宝宝手持海洋球，将手臂抬高从上方向兜兜里投球，也可以将手臂放低从下方向兜兜里投球，家长变化方位，接住宝宝投来的小球。
3. 亲子游戏。
在欢快的音乐中，亲子玩投球游戏，家长用语言指导宝宝投掷的方法，提高投中的准确度。</td></tr>
<tr><td>亲子指导</td><td colspan="2">31—36 个月的宝宝已经可以将小球朝一定方向投掷，手臂力量也在增强，手眼协调配合需要在游戏中不断练习。家长围着彩旗兜兜左右跑动接宝宝投掷的小球，活动中宝宝练习挥臂投物的动作，练习朝既定方向有目标地投掷，锻炼手臂力量和控制能力，提高投掷精准度，激发宝宝参与体育游戏的积极性。</td></tr>
<tr><td>家庭活动延伸</td><td colspan="2">在生活中，家长要经常用饱满的热情引导孩子参与游戏活动。可以和宝宝一起制作报纸球进行系列球球游戏。31—36 个月的宝宝已经能将大小适中的球扔出 3 米左右的距离。通过游戏活动让宝宝学习向远处投掷的动作，锻炼宝宝的手臂力量。告诉宝宝投掷时要向没有人的地方投掷，不可以投到别人头上或身上，注意安全。</td></tr>
</table>

（六）再见活动

<table>
<tr><td colspan="2" align="center">再 见 活 动</td></tr>
<tr><td>活动目标</td><td>愿意和布偶泰迪熊拥抱说"再见"，给予宝宝愉悦的体验。</td></tr>
<tr><td>活动准备</td><td>布偶泰迪熊，歌曲《Say goodbye，泰迪熊》。</td></tr>
<tr><td>活动时间</td><td>2 分钟。</td></tr>
</table>

续　表

活动过程	布偶泰迪熊邀请宝宝和家长一起跟随音乐跳再见舞,鼓励宝宝可以边唱边跳。
亲子指导	31—36个月的宝宝很享受在熟悉的音乐中跳自己喜欢的舞蹈。建议再见的音乐更换不要太频繁。让宝宝在熟悉的音乐中和老师小伙伴互相说再见。
家庭活动延伸	在家中经常播放音乐,欣赏宝宝随意的舞蹈,培养宝宝的音乐感受力。

家园合作(信息推送)

尊敬的家长朋友,您好!本周开展的主题是"动动篇",我们在"跳动的轨迹"系列游戏活动中,和大皮球做游戏,练习推球能力;欣赏歌曲《大皮球》,探索节奏棒的不同敲击方法,感受二拍子音乐的节拍与节奏;在美术活动"跳舞的乒乓"中,宝宝尝试用乒乓球滚画,锻炼手部的掌控能力等。"跳动的轨迹"系列游戏活动最大的特点是内容贴近生活,符合宝宝的年龄特点,活动内容取材方便,便于家庭延伸活动的开展。回家后,可以继续做一些报纸球,和宝宝一起玩投球、推球、小球作画等游戏,在快乐、自然中习得相关知识技能,增强宝宝身体各个关节的灵活度、视觉运动的能力,同时促进审美能力发展。还等什么? 快快带着宝宝玩起来吧!

活动随笔

多样问好,兼顾个别

活动回顾

今天是主题"动动篇"中的"跳动轨迹"亲子活动。今天的问好环节采用游戏问好的方式,活动设计中婴幼儿发展目标确定为:熟悉自己的全名,会用语言和动作相结合的方式介绍自己;增强自我意识。家长指导目标确定为:和宝宝一起认真聆听其他小伙伴的自我介绍并拍手欢迎;鼓励宝宝加上动作介绍自己,给别人留下好的印象。活动时间约5分钟。活动过程中,我们邀请布偶小熊进行游戏问好,"大皮球,真有趣,滚过来滚过去,双手接过大皮球,向大家介绍你自己"。布偶小熊的出现让宝宝们都非常兴奋。布偶小熊一一推球邀请宝宝到前面来进行自我介绍。第一个邀请的宝宝是悦悦,这时我发现亦亦好像也非常想来前面做介绍。亦亦在每一次自我介绍时声音都非常小,不主动,为了不想介绍自己经常假装睡着了。这次亦亦愿意主动到前面,非常难得,于是我请悦悦和亦亦一起抱着小皮球到前面。我们将自我介绍随机改成两个宝宝同时进行,悦悦声音非常响亮,亦亦在一旁听得非常认真,果然这一次,亦亦声音比以前大多了,而且自我介绍非常完整。

活动所思

活动结束后,我悄悄地问亦亦:"为什么到前面介绍自己的时候总是要捂上自己的眼睛呢?"她悄悄地告诉我她不好意思。"今天和悦悦一起到前面来是不是觉得自己很勇敢?""那你喜欢这种勇敢的感觉吗?"她没有回答我,只是笑着点点头。我又问:"下次还想这样到前面勇敢地介绍自己吗?"她说:"嗯!"

我们发现在之前的活动设计中,没有太多考虑到像亦亦这种类型的孩子的心理感受,他们也非常想到前面介绍自己,但又会觉得非常不好意思,有时教师会因为想照顾宝宝的情绪让宝宝在原地介绍或请家长替代介绍,反而让这类宝宝错失了很多表达自己的机会。这次问好活动后,我们在问好环节调整了一些方式,我们发出邀请或让宝宝自己邀请小伙伴三三两两到前面做自我介绍,帮助亦亦这样的宝宝勇敢迈出第一步。我们还在活动前提前和宝宝做个小约定,让宝宝心里先做好准备,让邀请活动变得更加顺利。经过一段时间,亦亦和很多宝宝都愿意主动到前面来介绍自己,也因此赢得了更多鼓励的掌声。

第三节 游 戏 篇

主题说明

2—3岁婴幼儿对于游戏的喜爱不言而喻,年龄越小越需要用游戏的方式互动。婴幼儿在游戏中熟悉周围的一切,认识周围的世界,建立与他人的关系,掌握生活常识等。在2—3岁年龄段我们分上半学期和下半学期均设置"游戏篇",旨在通过歌唱、韵律、音乐游戏、故事、儿歌、印染、滚画等新颖有趣的亲子游戏,让宝宝们在游戏中收获,在快乐中成长。用游戏的方式吸引宝宝坚持参加每一次的亲子活动。让每一个家长对于宝宝的成长指导也在参与亲子游戏中一点点提升。游戏成就了孩子的未来,家长在游戏中重温童年的快乐。

一、圆圆方方

(一) 走线活动

托物走线		
活动目标	婴幼儿发展目标	1. 稳定情绪。 2. 发展肢体动作协调能力。
	家长指导目标	了解走线的不同形式,陪伴宝宝一起走线,感受氛围。
活动准备	舒缓的音乐,小积木玩具(三角形、方形、圆形),小碗。	
活动时间	3分钟。	
活动过程	1. 走线介绍。 (1) 师:接下来是走线活动。 (2) 师:请宝宝沿着垫子上的红色线走一走,家长沿着垫子的边线走一走。 2. 情境导入。 (1) 师:宝宝们,当你走到老师身边时,请你双手接过小碗。(小碗里有圆形、方形、三角形小积木) (2) 师:接下来请你像我一样,一只手端着小碗,另一只手叉腰,变成一只小螃蟹,侧身走一走。 (3) 师:现在把小积木送回家吧!	
亲子指导	31—36个月的宝宝可以在走线的过程中眼睛平视前方,保持均匀呼吸。家长观察宝宝的呼吸,陪伴宝宝沿着线慢慢地走一走。	
家庭活动延伸	宝宝慢慢地长大了,我们通过托物走线的活动能够进一步锻炼宝宝身体平衡能力。在家里,也要多多鼓励宝宝尝试端着小盘子走一走。	

(二) 问好活动

游戏问好		
活动目标	婴幼儿发展目标	1. 结识更多的小伙伴,体验快乐。 2. 主动大声介绍自己,让更多朋友记住自己。
	家长指导目标	1. 指导宝宝轻轻推球的技能。 2. 鼓励宝宝声音响亮地介绍自己。
活动准备	小皮球。	

活动时间	4分钟。
活动过程	1. 游戏导入。 师：宝宝们，今天老师请来了一位好朋友，你们猜猜是谁呢？（小皮球） 2. 问好环节。 （1）师：今天小皮球要和大家做游戏，现在先请宝宝们把你的大门打开吧！（宝宝双腿打开，小手做好接球准备） （2）师：小皮球圆溜溜，去找好朋友！ （3）师：当小皮球滚到宝宝跟前，请你抱着小皮球跟大家打打招呼。 （4）师：现在请把小球推给小伙伴。 3. 亲子唱名。 师：宝宝们真棒！我们唱一唱自己的名字表扬一下自己吧！ ×××，×××，我呀我最棒！ $$1=C \ \frac{2}{4}$$ $$\underline{1\ 1}\ \ \underline{1\ 5}\ |\ \underline{6\ 6}\ \ 5\ |\ \underline{3\ 3}\ \underline{2\ 2}\ |\ 1-\ \|$$
亲子指导	31—36个月的宝宝双手有一定的控制能力，可以通过推球锻炼手腕力量和手眼协调能力。宝宝选择朋友并将球推给小伙伴，这个游戏结合问好，气氛活跃轻松。
家庭活动延伸	引导宝宝多与同伴、老师、家庭成员打招呼，多带宝宝到小区里走走。宝宝不愿意用语言打招呼，用动作打招呼也可以。

（三）语言活动

故事：方块兔子过生日		
活动目标	婴幼儿发展目标	1. 通过观察，发现故事中藏着不同形状的动物。 2. 形成对形状的初步感知。 3. 拓展认知生活中圆形、方形和三角形的物品。
	家长指导目标	1. 通过游戏的方式帮助宝宝对圆形、方形、三角形的认知。 2. 在生活中，引导宝宝辨认图形的外形特征，说出名称并进行简单的分类。
活动准备	故事课件，方块兔子。 	
活动时间	12分钟。	
活动过程	1. 情境导入。 师：刚刚我们和图形宝宝做了游戏，今天老师也带来一个关于动物图形宝宝过生日的故事，让我们来听听吧！	

续　表

	2. 讲述故事。 (1) 认识方块兔子,并和方块兔子打招呼。 (2) 师:宝宝们,请你们记住小伙伴的样子,待会儿老师要和你们玩游戏哦! (3) 教师有感情地讲述《方块兔子过生日》。(留一个结尾不讲) 3. 亲子时间。 (1) 看一看还有谁来参加方块兔子的生日会,请宝宝观察并讲一讲。 (2) 喜欢谁送给方块兔子的礼物? **附故事:《方块兔子过生日》(修改版)** 方块兔子的生日到了,小伙伴们都来祝贺他。"小兔,生日快乐!" "真是太感谢你们了!"方块兔子端出了生日蛋糕。 "呼!"方块兔子一口气吹灭了蜡烛。大家惊叫起来:"哎呀,好黑呀,什么都看不见了。"大家 快看,墙上有影子! 小伙伴们把礼物送给了方块兔子。方块兔子开心极了,"哇!有一顶帽子、一本图画书、一个 滴滴答答的闹钟,还有一块甜甜的饼干"。 忽然大家看到了一个巨大的影子。"啊,快看!那是什么?""嗨,原来是小老鼠呀。"小老鼠 说:"大家好,我是不是来晚了? 小兔,这是我送给你的生日礼物。" "这个小小的三角形礼盒里面装的会是什么呢?"
亲子指导	31—36个月的宝宝能辨认圆形、方形和三角形,在"过生日"的游戏情境中,通过观察、辨认、判断,巩固对圆形、三角形和方形不同特征的认知。 在日常生活中,家长可以和宝宝一起看一看与生日相关的绘本故事,丰富宝宝过生日的经验,创设条件让宝宝体验和小伙伴一起过生日的快乐。
家庭活动延伸	引导宝宝发现家里不同形状的物品,说一说这些物品有什么作用,提升宝宝在生活中的观察力。通过生活中场景式的互动,培养宝宝语言表达能力,拓展认知。

(四) 动作发展活动(精细动作活动)

精细动作活动:形状套柱积木		
活动目标	婴幼儿发展目标	1. 练习旋拧的动作,感知对应关系。 2. 练习手腕控制能力。 3. 巩固对圆形、方形、三角形的认知。
	家长指导目标	1. 帮助宝宝理解套柱和积木之间的关系。 2. 教师示范时,尽量保持安静,以免干扰宝宝观察。
活动准备	形状套柱积木。 	
活动时间	12分钟。	

活动过程	1. 教师以标准的姿势取学具。 (1) 教师分三个方位介绍学具名称：形状套柱积木。 (2) 教师把学具从操作盘中取出依次摆放。 2. 示范操作。 教师依次将积木按从左到右排列摆放。 3. 三阶段教学法。 (1) 命名。 师：这是圆形，圆形，圆形。这是方形，方形，方形。 (2) 辨别。 师：宝宝来告诉老师，哪一个是圆形的？哪一个是方形的？ (3) 发音。 师：这是什么形状的？ 4. 整理学具。 (1) 将积木依次套入套柱上，放回操作盘。 (2) 师：东西从哪里拿，送到哪里去。 5. 向家长介绍活动目标及家庭活动延伸。 6. 亲子操作，教师巡回指导。
亲子指导	31—36 个月的宝宝小手精细动作逐渐发展，知道圆形、方形和三角形。在"形状套柱积木"的操作活动中，让宝宝巩固认知圆形、方形、三角形的特征，帮助宝宝理解套柱和积木之间的关系。尝试根据图形配对，锻炼宝宝手眼的协调能力。父母不要代替宝宝操作，应是宝宝自己观察并尝试，在不断操作中不断调整，精准操作。
家庭活动延伸	形状套柱积木可以练习宝宝手腕控制能力，建议家长带宝宝玩一玩类似的玩具，家长在示范旋拧动作时，尽量放慢速度，让宝宝观察清楚。建议家长和宝宝一起动手进行套柱积木的拆卸组装，让宝宝保持持久的兴趣，帮助宝宝建立自信。

（五）动作发展活动（粗大动作活动）

粗大动作活动：送礼物（钻爬）		
活动目标	婴幼儿发展目标	1. 掌握手膝爬行的动作，增强手臂的支撑力和腰腹肌的力量。 2. 提高动作的协调性，激发对体育活动的兴趣。 3. 培养对他人的关爱之情。
	家长指导目标	1. 观察了解宝宝钻爬的动作发展情况，根据情况延伸练习。 2. 用积极的情绪鼓励宝宝完成较为困难的动作，体验运送的快乐。
活动准备	热身舞蹈音乐，阳光隧道（长度以 120 cm 为宜），仿真石头，触觉步道，大象、方块兔子的礼物筐，仿真点心。 	
活动时间	12 分钟。	

续　表

活动过程	1. 热身运动。 播放音乐,跟随音乐活动全身。 2. 情境导入。 师:今天大象要给方块兔子送礼物,可是大象准备的礼物太多了,我们来帮大象送礼物吧! 3. 游戏玩法介绍。 (1) 师:我们从这里出发(起点),踩着小石头(巩固练习)、钻爬过阳光隧道(重点技能)、走过触觉步道(巩固练习),在大象准备的礼物筐里选一个礼物送给方块兔子。 (2) 每一次我们帮助大象送一件礼物,别忘记对方块兔子说"生日快乐"。 4. 亲子游戏。 师:要注意过阳光隧道时不要和前面的宝宝挨得太近。 5. 讲评鼓励。 布偶方块兔子:今天我收到这么多礼物,真开心,谢谢能干的宝宝们。
亲子指导	31—36个月的宝宝喜欢帮助别人做一点事情,证明自己长大了,是个能干的小宝宝。我们设计"送礼物"的游戏,设置钻过阳光隧道的环节重点练习了钻爬的技能,锻炼了宝宝手臂的支撑力和腰腹肌的力量。设置"送礼物"的游戏情境,让宝宝通过努力,将礼物送给好朋友方块兔子,体验送礼物的快乐,培养关爱他人的情感,激发孩子快乐的情绪体验。在游戏中,提醒宝宝排队进行游戏,不争不抢,建立一定的游戏规则意识。在游戏过程中,我们请家长陪伴在宝宝身边,给宝宝一种安全感,让宝宝放松参与体育活动,体验游戏活动的快乐。
家庭活动延伸	在家中也可以利用废旧纸箱,为宝宝制作高低不同的山洞,体现游戏难度的递进性,可以发展宝宝钻、爬等动作技能。

(六) 再见活动

再见活动	
活动目标	以愉快的方式结束课程,给宝宝留下美好的感受。
活动准备	歌曲《宝宝再见》。
活动时间	2分钟。
活动过程	宝宝、家长和老师一起跟随音乐跳《宝宝再见》舞蹈。舞蹈结束记得大家互相拥抱,说一声下次见。
亲子指导	舞蹈不要强制和老师跳得一样,允许宝宝自由发挥,发展想象力。
家庭活动延伸	家长多观察宝宝倾听音乐的兴趣,多播放不同风格的音乐,培养宝宝的乐感。

家园合作(信息推送)

尊敬的家长朋友,您好! 31—36个月的宝宝喜欢帮助别人做一点事情,证明自己长大了,是个能干的小宝宝。在"圆圆方方"中,以"方块兔子过生日"为情境开展系列活动,我们和宝宝玩套柱积木,练习旋拧的动作与对应关系,锻炼宝宝手腕控制能力;我们玩送礼物的游戏,设置钻过阳光隧道的环节重点练习了钻爬的技能,锻炼了宝宝手臂的支撑力和腰腹肌的力量。设置"送礼物"的游戏情境,让宝宝通过努力,将礼物送给好朋友方块兔子,体验送礼物的快乐,培养关爱他人的情感,激发孩子积极参与游戏活动的快乐情绪体验。在家中,家长可以利用废旧纸箱,为宝宝制作高低不同的山洞,体现游戏难度的递进性,可以发展宝宝钻、爬等动作技能。

活动随笔

搭　山　洞

活动回顾

本周亲子教师以主题活动"圆圆和方方"中"大象钻山洞"活动为例,进行了三轮磨课和教研,锻炼教师设计亲子活动的能力和在实施活动中发现问题的能力。教研需要问题,本次教研围绕"如何搭山洞"的问题展开。老师们各抒己见,关于"搭山洞"研讨出几种方法并在活动中尝试了以下三种:

传统"搭山洞"的方法是教师邀请一位家长协助搭山洞。经过研讨发现缺点是家长与教师一起"搭山洞",宝宝就没有家长陪伴玩游戏,有时宝宝情绪会比较失落或存在一定的安全隐患;我们尝试第二种"搭山洞"方法,请一组家庭来搭山洞,这样宝宝的情绪和安全得到保障,可是缺点是搭山洞的宝宝看到小伙伴都在玩钻洞游戏也想玩,并不觉得搭山洞是一件很好玩的事情,所以会出现坚持不了或不配合的现象;我们想到第三种方法——教师双手搭在墙壁上"搭山洞"。由教师一人搭山洞,教师的双手搭在软软的墙垫上,这样可以保证宝宝的安全,并能确保每位宝宝都可以参与到游戏当中。

活动所思

在活动中,我们观察到采用第三种"搭山洞"的方法时,宝宝们的游戏进行得非常顺利,家长们也感觉很新颖。但是,这种方法也存在一个缺点:教师一人与墙垫之间空间较小。所以,还期待会有更好的方式,如果条件允许的时候,我们还想尝试是否可以两位教师一起搭山洞……

二、躲躲藏藏

(一)走线环节

托 物 走 线		
活动目标	婴幼儿发展目标	1. 培养专注力。 2. 培养自我控制能力。
	家长指导目标	了解宝宝不愿意参加活动是正常的行为。
活动准备	舒缓的音乐,方形盘子,乒乓球(做成小猫形象)。	
活动时间	3分钟。	
活动过程	1. 走线介绍。 师:接下来是我们今天的第一个活动走线活动。 2. 情境导入。 (1) 师:喵!小猫球乖乖在你的盘子里,走线的时候,请双手端着盘子的两边,眼睛看着前方,保护小猫球乖乖可不要摔到地上了! (2) 师:小猫球乖乖累了,请把它送回来吧!	
亲子指导	31—36个月的宝宝的双手控制能力和力量感进一步增强。在不同的游戏中,设置不同的游戏场景,吸引宝宝坚持完成走线活动。	
家庭活动延伸	走线活动可以平息宝宝的情绪,让宝宝放松身心尽快融入下一个活动中,宝宝不想参加走线,这是正常的反应,不要强制宝宝继续走线。	

(二)问好活动

唱 名 问 好		
活动目标	婴幼儿发展目标	1. 愿意主动问好,情绪愉快地介绍自己。 2. 大方地回应小猫的问好并向大家表示感谢。 3. 感觉自己很重要,有一种归属感和自豪感。
	家长指导目标	和宝宝一起热情回应小猫的问好。
活动准备	小猫布偶玩具。	
活动时间	5分钟。	

活动过程	1. 小猫自我介绍。 （1）小猫：家长朋友们，宝宝们，大家好，我是小猫喵喵，希望大家喜欢我，谢谢！ （2）小猫：今天小猫喵喵和宝宝做游戏，唱到你的名字时，请你大声说"希望大家喜欢我"。 2. 小猫依次唱出宝宝名字，宝宝起立回应，大家拍手欢迎。 （1）小猫：×××，×××，我们大家欢迎你。 （2）被唱到的宝宝说："希望大家喜欢我！" $1=C\ \frac{2}{4}$ 1 2 3 ｜ 3 4 5 ｜ 5 6 5 4 ｜ 3 2 1 － ‖
亲子指导	31—36个月的宝宝能用适宜的动作配合语言表达想法，问好的回应环节，宝宝自由做出相应的动作，拉拉小裙子或弯弯腰，都可以表示感谢。当自己的名字出现在问好歌曲中，宝宝会有一种归属感和自豪感。
家庭活动延伸	在生活中，家长要经常鼓励宝宝用语言和动作表达自己喜欢做的事情。

（三）艺术活动

音乐游戏：找小猫		
活动目标	婴幼儿发展目标	1. 培养角色意识，积极参与游戏，感受音乐游戏的快乐。 2. 在唱一唱、玩一玩中体验角色扮演的乐趣，增进亲子感情。
	家长指导目标	1. 积极扮演角色和宝宝一起游戏，用自己的态度带动宝宝参与。 2. 在音乐游戏中增进亲子感情。
活动准备	歌曲《找小猫》。	歌曲《找小猫》
活动时间	10分钟。	
活动过程	1. 游戏导入。 师：喵呜，喵呜，小猫要和我们玩捉迷藏游戏！ 2. 讲解游戏玩法。 （1）师：宝宝们变成小猫，学一学小猫叫，听完歌曲，记得藏在妈妈的身后，一定要藏藏好！ 猫妈妈要去找小猫，找到小猫后，大家要一起叫一声"喵——" 3. 亲子游戏。 师：看看哪只小猫会被找到呢？	
亲子指导	31—36个月的宝宝对歌词的理解和记忆会有一定的局限性，但通过有趣的音乐游戏，在唱一唱、玩一玩中，能形象地理解歌曲表达的含义和情感，在反反复复游戏中熟练掌握歌曲旋律和歌词。对于这个年龄段的宝宝，要多通过简单形象、生动有趣的游戏使其获得积极的体验，在游戏扮演中，也会促进他们音乐的感受能力和倾听能力。	
家庭活动延伸	在家中，宝宝们可以和家庭其他成员一起玩玩捉迷藏的游戏，增进亲子之间的感情，但是记得一定要注意安全哦！	

（四）语言活动

		故事:《藏在哪里了》	
活动目标	婴幼儿发展目标	1. 认真听故事,仔细观察图画,发现小动物,掌握"前、后"的方位词。 2. 了解小动物不同的外形特征,体验找到后的成就感和喜悦感。	
	家长指导目标	1. 引导宝宝认真倾听故事,回答教师提问。 2. 及时肯定宝宝找到小动物的行为,激发宝宝对阅读的兴趣。	
活动准备	故事动画课件,小动物图片(提前布置场景,提前藏在大树、蘑菇后面等)。 		
活动时间	10分钟。		

活动过程	1. 情境导入。
	师:今天的天气真不错!温暖的阳光洒满大地,小狐狸约上他的好朋友一起出来到草地上捉迷藏。
	2. 欣赏故事。
	(1) 师:小狐狸都请了哪些好朋友呢?
	(2) 师:小兔子藏在哪里? 小松鼠藏在哪里? ……
	3. 亲子时间。
	翻阅绘本,找一找小动物藏在哪里。
	4. 游戏时间。
	玩一玩躲猫猫的游戏,看看谁先找到小动物。(教师将动物图片提前藏在教室不同地方)
	附故事:《藏在哪里了》
	  小狐狸都请了哪些好朋友呢? 有脑袋上长着美丽的鹿角,就像小树枝一样的小鹿,有长着大耳朵长长鼻子的大象,有长着毛茸茸的尾巴的小松鼠,还有长着长长耳朵的小兔子。现在,游戏开始! 谁来藏,谁来找呢? 大象说:"我们来猜拳吧!""石头、剪子、布",大家都伸出了什么呢? 大家都伸出了两根手指头,只有小狐狸伸出了五根手指。小狐狸输了,这一次就让小狐狸来找大家吧! 于是,小狐狸转过身,把眼睛蒙起来说道:"你们都躲起来吧,好好地躲起来。""5、4、3、2、1,现在要开始找喽!"
	  都躲到哪里去了呢? 咦!? 石头后面有对长长的耳朵,会是谁呢? 找到了,是小兔子! 小兔子藏在石头后面。
	  都躲到哪里去了呢? 咦!? 大树后面有条毛茸茸的尾巴,会是谁呢? 找到了,是小松鼠! 小松鼠藏在大树后面。
	  都躲到哪里去了呢? 咦!? 小草后面有个长长的鼻子,会是谁呢? 找到了,是大象! 大象藏在草丛里。
	  小兔子、小松鼠、大象都找到了,咦!? 长着美丽的角的小鹿躲到哪里去了呢? 大家看到很多的树枝,可是谁也分不清哪个是小鹿。
	  "我在这里呢!"原来小鹿躲到了大树后面。它的角就像树枝一样,大家都没有发现。小鹿好聪明呀!		

亲子指导	31—36个月的宝宝会问一些关于"是什么""为什么""是谁""在哪里"的问题,针对他们好奇心强的心理特点开展了"捉迷藏"的活动,故事中围绕"前"和"后"的方位让孩子在不断找出小动物的过程中理解方位,在故事情境中通过躲猫猫游戏理解"前""后"方位,实现了知识的迁移。		

家庭活动延伸	回到家里,和其他家庭成员一起欣赏绘本故事《藏在哪里了》,可以引导宝宝观察绘本中的小动物还可以藏到哪里? 和宝宝一起讲一讲,猜一猜,说一说;在家里和宝宝藏一藏,找一找,巩固方位词的掌握,激发宝宝阅读的兴趣。

(五)动作发展活动

精细动作活动:捉迷藏(拼图)		
活动目标	婴幼儿发展目标	1. 练习简单的镶嵌技能,加深对部分与整体的认知。 2. 训练思维能力,学习一一对应。
	家长指导目标	1. 观察宝宝拼图完成情况,有针对性地在家中提供练习的机会。 2. 在宝宝操作过程中不干扰宝宝,给予宝宝纠错的机会。
活动准备	自制动物拼图(3—5片难易不同)。 	
活动时间	15分钟。	
活动过程	1. 教师以标准的姿势取学具。 (1)教师分三个方位介绍学具名称:拼图。 (2)教师把学具从操作盘中取出,依次摆放。 2. 示范操作。 (1)师:看,拼图板上是什么?(蝴蝶) (2)教师指着拼图片,介绍蝴蝶的组成部分名称。 (3)宝宝闭上眼睛,教师将其中一块拼图块藏起来。 (4)师:蝴蝶哪里不见了? (5)将拼图块依次放回拼图板上。 3. 整理学具。 (1)整理好拼图,放回操作盘中。 (2)师:东西从哪里拿,送到哪里去。 4. 向家长介绍活动目标及家庭活动延伸。 5. 亲子操作,教师巡回指导。	
亲子指导	31—36个月的宝宝会将3—5块拼图进行拼合,在一一对应中,感受整体与部分的关系。在拼图的过程中,需要运用识别能力、推理能力帮助婴幼儿找到拼图正确的位置。在操作时,可以先带宝宝观察部分拼图,然后再进行拼图游戏,在拼合的过程中,感受部分与整体的关系,练习简单的镶嵌技能,感受成功的喜悦。在拼图时,尽量让宝宝自己独立完成,不干扰。	
家庭活动延伸	在家中可以为宝宝提供难易不同的大块拼图,2片、3片、4片、5片……拼图部分变为整体时要给予宝宝鼓励,玩一玩"拼图不见了"的游戏,训练宝宝的思维能力,家长在陪伴时要有耐心,不干扰宝宝的操作。	

（六）再见活动

再 见 活 动	
活动目标	引导宝宝在熟悉的歌曲中自由地唱歌跳舞,不强制要求动作统一。
活动准备	歌曲《再见歌》。
活动时间	2分钟。
活动过程	在音乐声中,大家一起跳再见舞。
亲子指导	31—36个月的宝宝听到熟悉的音乐会不由自主地扭动身体跳一跳。家长应多鼓励、多创设让宝宝愿意跳舞的氛围,发展宝宝的节奏感和音乐感受力。
家庭活动延伸	在家里经常播放音乐,让宝宝跟着音乐自由自在地舞蹈。

家园合作（信息推送）

尊敬的家长朋友,您好!31—36个月的宝宝会经常问一些关于"是什么""为什么""是谁""在哪里"的问题,针对他们好奇心强的特点我们开展了"捉迷藏"的系列游戏活动。我们和宝宝讲述了故事《捉迷藏》,围绕"前"和"后"的方位让孩子在不断找出小动物的过程中理解方位;在"拼图"游戏中,宝宝学会了将3—5片拼图进行拼合,感受整体与部分的关系。

在家中,您可以为宝宝提供难易不同的大块拼图,2片、3片、4片、5片……,玩一玩"拼图不见了"的游戏,训练宝宝的思维能力,记得给予宝宝鼓励。家长陪伴要有耐心,尽量不干扰宝宝的操作。

活动随笔

捉　迷　藏

活动回顾

今天"捉迷藏"是主题"躲躲藏藏"中的活动,也是面向早教教育机构教师们的一节教研展示活动。活动组织的过程一直比较顺利,宝宝和家长都非常的配合,活动结束后,受到领导和老师们的肯定与鼓励,但我自己感觉还有很多改进的空间。对这次活动我进行了及时的总结和反思,希望有机会再实施活动时,能把握得更好。

活动所思

活动的过程中存在着许多的问题。

1. 临场的经验不足。由于紧张,在故事讲述时,教师声音特别响亮,过于响亮的声音对2—3岁的宝宝是一种不舒服的刺激,讲述故事时应该语气更柔和一些,体现亲子活动的亲和与温馨的氛围。

2. 活动设计太拘谨。设计捉迷藏的游戏让宝宝玩了两次,每次都是老师把动物图片藏起来,然后让宝宝去找一找,其实可以换一种方式,可以让宝宝去藏一藏,然后家长朋友找一找。

3. 活动的趣味性不强。在活动中让宝宝趴下假装藏起来,就象征性地表示捉迷藏了,缺乏趣味性。如果变化一下,比如可以藏在家长的身后,或让家长保证宝宝的安全的情况下,帮宝宝找到活动室中一个比较隐蔽的地方藏好,再由老师去找一找,可以使互动更加生动有趣,让宝宝玩得更加开心。

一个成功的活动有很多评价的标准,亲子活动有一点很重要的标准:要看宝宝的喜欢和投入游戏的程度。作为早教教师,设计的每一次亲子活动都应从宝宝的年龄段特点出发,从宝宝感兴趣的点着手,争取设计出更多有趣又有益的游戏活动。

第四节 动 物 篇

主题说明

　　2—3岁婴幼儿有一双好奇的眼睛,与小动物有一种天然的亲密感。我们上学期和下学期均设置了"动物篇",选择宝宝喜欢的小动物设计了系列亲子游戏活动。宝宝模仿小鸡走、小鸭摆、小兔跳、乌龟爬、鱼儿游……通过各种有趣的游戏活动,既满足宝宝的好奇心,又激发了他们的求知欲望。通过三周的亲子活动,家长带宝宝一起玩与动物相关的模仿游戏、韵律活动、刮画活动、乐器演奏、精细动作活动和粗大动作游戏等,进一步了解小动物的外形特征、走路方式、生活习性等,懂得小动物是人类的好朋友,要好好保护它们。每一节亲子活动结束后,我们都设计了家庭延伸活动,建议家长在家里继续和宝宝游戏。例如:带着宝宝去动物园和小动物零距离接触,有助于发展宝宝的观察能力,培养宝宝热爱小动物的情感。

一、小兔乖乖

（一）走线活动

模 仿 走 线		
活动目标	婴幼儿发展目标	发展肢体动作协调能力。
	家长指导目标	模仿走线中家长也要跟随指令做模仿动作,为宝宝做好示范。
活动准备	舒缓的音乐。	
活动时间	3分钟。	
活动过程	1. 走线介绍。 (1) 师:听! 音乐已经响起,走线时间到了。 (2) 师:现在请大家轻轻站起来,跟着老师一起走线吧! 2. 情境导入。 (1) 师:宝宝们,今天我们的活动主题是小兔乖乖,让我们变成可爱的小兔子吧! (2) 师:请把小兔的耳朵变出来。 (3) 师:小兔走路的时候是蹦蹦跳跳的,让我们也来轻轻蹦一蹦吧! (4) 师:请小兔子轻轻回到自己的原点上休息一下吧!	
亲子指导	可以创设不同的游戏情境,吸引宝宝参与活动。在走线的过程中,引导宝宝跟随老师一起做一做简单的模仿动作,发展宝宝肢体动作的协调能力。	
家庭活动延伸	走线活动能较好地锻炼宝宝身体平衡能力,在家中建议家长可以播放舒缓的音乐,让宝宝继续模仿小兔子走一走、跳一跳。	

（二）问好活动

节 奏 问 好		
活动目标	婴幼儿发展目标	1. 愿意到前面介绍自己的名字和家人。 2. 在节奏问好中体验成功的喜悦。
	家长指导目标	1. 家长应回应所有问好的宝宝,用掌声鼓励他们。 2. 给宝宝做好示范,对于表现好的宝宝给予热烈鼓掌。
活动准备	小兔子手偶。	

活动时间	3分钟。
活动过程	1. 节奏问好。 小兔子：小手　拍拍拍，欢迎　大家来！小兔　跳跳跳，欢迎　×××上前来！ 2. 宝宝自我介绍(名字加和谁一起来的)。 宝宝：我叫　×××，我和妈妈　一起来。 3. 大家一起拍手说：小手　拍拍拍，欢迎　你到来！
亲子指导	31—36个月的宝宝有时也会因为情绪不好而拒绝到前面向大家介绍自己，若宝宝不愿意自我介绍也不要勉强。
家庭活动延伸	生活中应多创设条件，鼓励宝宝用自己喜欢的方式与他人打招呼。

（三）认知活动

小兔乖乖		
活动目标	婴幼儿发展目标	1. 通过观察，了解小兔子的外形特征及生活习性。 2. 学习儿歌，培养爱小动物的情感。
	家长指导目标	1. 生活中多引导宝宝观察不同的小动物，培养宝宝热爱小动物的情感。 2. 带宝宝多念唱动物童谣，了解小动物的特征和习性。
活动准备	小兔子一只，青菜、胡萝卜条，音乐《兔子跳》。	
活动时间	12分钟。	
活动过程	1. 儿歌导入。 师：小白兔，白又白，两只耳朵竖起来。 　　爱吃萝卜和青菜，蹦蹦跳跳真可爱。 2. 观察小兔子。 (1) 师：宝宝们，我们欢迎小兔子出场。 (2) 师：看一看小兔子的耳朵、尾巴、眼睛是什么样子的？ (3) 师：谁愿意摸一摸小兔子？ (4) 师：这里有很多食物，请你选一种食物喂一下小兔子吧！ (5) 师：现在小兔子吃饱啦，要去休息了，我们跟它说再见吧！ 3. 亲子游戏。 师：我们认识了小兔子，真开心，现在我们也来学一学小兔子跳一跳吧！	
亲子指导	31—36个月的宝宝喜欢观察，他们有一双好奇的眼睛，我们要善于借用这双探索的眼睛，多引导宝宝进行观察。观察身边熟悉的小动物，了解它们的外形特征、生活习性、声音和走路的样子，积累相关经验，培养喜爱小动物、关爱小动物的情感。	
家庭活动延伸	在家中引导宝宝学唱小动物的童谣，和宝宝一起猜一猜小动物的谜语，激发宝宝热爱小动物的情感。	

（四）艺术活动

美术活动：小白兔吃青草(绘画)		
活动目标	婴幼儿发展目标	1. 尝试为小白兔添画很多小草。 2. 练习有控制地画短线，锻炼小手肌肉群的力量。
	家长指导目标	1. 观察宝宝运笔时手腕的力量和灵活度，有针对性地在家训练。 2. 用语言指导宝宝完成作品，鼓励宝宝自己尝试独立完成。

续　表

活动准备	小白兔画纸,炫彩棒。
活动时间	14分钟。
活动过程	1. 谜语导入。 师:耳朵长,尾巴短,爱吃青草,蹦蹦跳。 2. 示范讲解。 (1)师(出示兔子画纸):小兔子最爱吃青草,我们画很多的青草请它吃,好不好? (2)示范画短竖线。 师:小手握好炫彩棒,仔细看一看。(草地变出来了) 3. 亲子创作。 教师观察并提醒家长不要替代,让宝宝独立完成作品。 4. 作品欣赏。 师:小白兔今天真高兴,快一点和小伙伴互相欣赏一下作品。
亲子指导	31—36个月的宝宝处于涂鸦期,很喜欢自由地涂涂画画。用游戏的口吻请宝宝为小兔子送青草很符合这个年龄段宝宝的兴趣点,也能调动宝宝参与绘画活动的积极性。在绘画短线的活动中,观察宝宝的握笔及坐姿,对宝宝完成的作品要给予一定的肯定,激发宝宝对美术活动的兴趣。
家庭活动延伸	在家中,继续创设机会让宝宝自由涂鸦,观察宝宝握笔及坐姿,培养对美术活动的兴趣。

(五)动作发展活动

粗大动作活动:狼来了		
活动目标	婴幼儿发展目标	1. 训练宝宝双脚向前行进跳,发展宝宝的跳跃能力及身体协调能力。 2. 在游戏中锻炼宝宝下肢的弹跳力。
	家长指导目标	1. 对宝宝加强自我保护的安全意识教育。 2. 在游戏活动中增强亲子之间的情感交流。
活动准备	大灰狼头饰,音乐《狼来了》。	 歌曲《狼来了》

活动时间	10 分钟。
活动过程	1. 热身运动。 播放音乐,老师念儿歌《小动物模仿操》,宝宝和家长一起做热身操。 2. 情境导入。 师:今天小兔子蹦蹦跳地出门吃青草。如果大灰狼来了,小兔子该怎么办呢? 3. 亲子游戏。 (1) 师:音乐开始时,小兔子们蹦蹦跳地出门,蹦蹦跳跳吃青草。 (2) 师:当大灰狼来了,你要快快跳回到家里,关好门。 (3) 熟悉游戏后,不要提醒宝宝大灰狼来了,要培养宝宝倾听音乐变化的能力和反应能力,家长做好保护。
亲子指导	31—36 个月的宝宝能模仿小兔子跳、小袋鼠跳,双脚离地连续跳跃 2—3 次。设计小兔子和大灰狼游戏活动,可以锻炼宝宝动作协调性和灵活的反应能力。在宝宝游戏中,一定要注意宝宝的安全,防止撞倒或摔倒。
家庭活动延伸	回家后,可以带宝宝在户外一起玩"狼来了"游戏。根据场地,适度进行一些躲闪跑、跳跃运动的练习,锻炼宝宝身体的同时加深亲子之间情感交流。

(六) 再见活动

再 见 活 动	
活动目标	在舞蹈中模仿各种小动物,培养宝宝的想象力。
活动准备	歌曲《Say goodbye,小兔子》。
活动时间	2 分钟。
活动过程	教师、宝宝以及家长一起跟随音乐跳《Say goodbye,小兔子》舞蹈。
亲子指导	在再见过程中,引导宝宝和老师一起学小兔子跳,感受快乐。
家庭活动延伸	回到家里带着宝宝一起跟随音乐一起练习跳再见舞,可以换成任何小动物哟!

家园合作(信息推送)

尊敬的家长朋友,您好! 宝宝与小动物有一种天然的亲密感。我们选择宝宝喜欢的小动物主题进行"小兔乖乖"活动。通过观察小白兔,模仿小兔跳,了解小兔子的外形特征及生活习性;在朗诵小动物的儿歌中培养爱小动物的情感;学习画短线,为小兔子添画青草,在练习有控制地画短线中锻炼了宝宝小手肌肉群的力量;在"狼来了"的游戏中,宝宝进行躲闪跑、跳跃运动的练习,锻炼了身体的同时加深亲子之间情感交流。

在家中,您可以继续引导宝宝唱一唱小动物的童谣,和宝宝一起猜一猜小动物的谜语,激发宝宝热爱小动物的情感。

活动随笔

亲子活动中关注家长的成长

活动回顾

在美术活动"小兔子吃青草"的亲子创作时间,我发现诺诺满把握着炫彩棒,手腕、胳膊肘都向上,吃力地画着。我轻轻走过去做了示范后,妈妈在诺诺身边继续观察并进行提醒。巡视一圈后我又回到诺诺身边,看到诺诺很认真地在给小兔子添画小草,可是小手拿着拿着又变成了拿勺子的姿势,还索性换另一只手继续画……诺诺妈妈从耐心提醒后来就变成指责,接着就不耐烦地拿着诺诺小手开始画……

活动所思

怎样让宝宝记住握笔的方法？我查了一些资料，又请教了一些老师，都认为宝宝年龄小，小手没有力量。所以，可以先多给宝宝创造锻炼小手力量和协调性的游戏活动，如玩一玩穿珠游戏，在家练习剥鸡蛋、剥香蕉等活动。教给宝宝正确的握笔姿势，应在引导中慢慢掌握，不能急于求成，以免挫伤宝宝画画的积极性。

再次见到诺诺，我神秘地对她说要变一个"小手枪"，就这样，诺诺也和我一样伸出小手，学着将炫彩棒握进"小手枪"中，我还将方法教给了妈妈，并委婉地叮嘱她一定不要着急，更不要替代宝宝。作品完成的结果有时并不重要，作品的评价是多维的，不是只有好看不好看这一种评价方法，有时我们是通过活动去发现宝宝目前能力存在的问题，给予宝宝适度的帮助才是活动最大的收获。妈妈点点头表示指导宝宝需要具体明确的方法，现在知道怎么握笔，一定会慢慢提醒并纠正宝宝不正确的方法，一定也会控制自己的急脾气。

在亲子活动中，作为教师不仅要关注宝宝成长，更要及时关注家长的成长需要，给予他们具体可行的方法和建议，帮助家长在科学育儿方面提升。在接下来的活动中，我还需要继续跟踪观察诺诺的握笔姿势，继续帮助诺诺妈妈"成长"。

二、小鸭小鸡

（一）走线活动

模 仿 走 线		
活动目标	婴幼儿发展目标	发展肢体动作协调能力，稳定情绪，尽快融入活动之中。
	家长指导目标	家长和宝宝一起投入走线活动中，为宝宝做好示范。
活动准备	舒缓的音乐，小鸭、小鸡胸卡贴。	
活动时间	3分钟。	
活动过程	1. 走线介绍。 （1）师：马上开始我们今天的第一个活动——走线。 （2）师：请家长和宝宝一起沿着垫子上的红色线走一走。 2. 情境导入。 （1）师：今天我们的活动主题是小鸭和小鸡，现在让我们变成一只可爱的小鸭子吧！ （2）师：请把小鸭的翅膀变出来，小鸭子走路摇摇摆摆。 （3）师：现在小鸭子慢慢地停下来，摇摇小屁股。 （4）师：现在请你像小鸭子一样翘着小屁股转个圈圈吧！ （5）师：现在请小鸭子摇摇摆摆回到你的圆点上坐下来吧！	

续　表

亲子指导	31—36个月的宝宝需要在模仿中反反复复练习获得成长,走线时,引导宝宝仔细观察并跟随老师一起做动作,模仿小鸭子和小鸡的样子。
家庭活动延伸	在家里,家长念儿歌:小猫走路静悄悄,小熊走路咚咚咚,小兔走路蹦蹦跳……与宝宝一起模仿小动物走路,学小猫走路时踮起脚尖,学小熊走路时小脚用力踩,学小兔走路时双脚同时跳起。

（二）问好活动

节 奏 问 好		
活动目标	婴幼儿发展目标	1. 愿意和小鸭、小鸡打招呼,大胆介绍自己,并能说出"我喜欢你"。 2. 用自然好听的声音和大家问好。
	家长指导目标	引导宝宝知道主动和别人问好是一种有礼貌的表现。
活动准备	小鸭、小鸡胸卡贴。	
活动时间	3分钟。	
活动过程	1. 节奏问好。 小鸭:小手　拍拍拍,欢迎　大家来! 嘴巴　嘎嘎嘎,欢迎　×××前面来! 2. 宝宝回应。 宝宝介绍自己并对小鸭说:小鸭小鸭,你好,我喜欢你。 3. 大家一起鼓掌表示鼓励:×××,我们大家喜欢你!	
亲子指导	31—36个月的宝宝会把小动物当成好朋友一样,他们之间可以对话,可以依赖。节奏问好生动有趣,把小鸡小鸭作为问好的角色引起宝宝参与活动的兴趣,宝宝主动问好后得到大家鼓励,强化礼貌行为。	
家庭活动延伸	在生活中,家长也可以尝试有节奏地和宝宝问好,鼓励宝宝有节奏地回应。	

（三）艺术活动（音乐）

音乐游戏:小鸡和小鸭		
活动目标	婴幼儿发展目标	1. 聆听音乐,理解歌词,尝试用声音和身体动作表现。 2. 积极参与音乐游戏,体验扮演角色的快乐。
	家长指导目标	1. 学习指导宝宝在故事和游戏中促进认知发展。 2. 积极参与互动,增进亲子之间的情感交流。
活动准备	小鸭、小鸡胸卡贴,歌曲《小鸡和小鸭》。 歌曲《小鸡和小鸭》	
活动时间	10分钟。	
活动过程	1. 故事导入。 讲一段关于小鸡和小鸭的故事,引起宝宝的兴趣。 2. 熟悉歌曲,感受节奏。 （1）师:小鸡和小鸭的故事我会唱出来,请宝宝认真听一听。 （2）师:我们和妈妈一起大手拉小手,听歌拍节奏。	

	3. 音乐游戏。 (1) 小鸭小鸡游戏。 师：小鸭、小鸡怎样说话呢？ (2) 师：小鸭、小鸡的嘴巴是什么样子的呢？ 师：我们模仿一下小鸭、小鸡的嘴巴吧！ (3) 师：请妈妈来当一当小鸭，宝宝来当一当小鸡，听歌曲玩游戏吧！
亲子指导	在模仿小鸡和小鸭的时候，家长要以饱满的热情带动宝宝表演。夸张的动作左摇右摆，声音模仿要生动形象，这些都能吸引宝宝和家长一起模仿的兴趣。在音乐游戏中，培养宝宝倾听音乐的能力，锻炼宝宝肢体协调性，培养宝宝活泼开朗的性格。
家庭活动延伸	在生活中，家长多为宝宝播放音乐，让宝宝跟随音乐表演，激发宝宝的表演欲望。

（四）艺术活动（美术）

美术活动：可爱的小鸡（手工）		
活动目标	婴幼儿发展目标	1. 尝试用小黄米装饰小鸡的技能，锻炼手部精细动作的发展。 2. 培养对美术活动的兴趣，锻炼坚持性。
	家长指导目标	1. 鼓励宝宝坚持完成作品，要有耐心。 2. 用语言指导宝宝粘贴粮食画的技能，不要包办代替。
活动准备	小黄米，白乳胶，画有小鸡、小鸭图的画纸，小棉签，小碗。 	
活动时间	15 分钟。	
活动过程	1. 谜语导入。 师：尖尖嘴巴叽叽叽，是谁来啦？ 2. 教师示范操作。 (1) 师：小鸡没有漂亮衣服，我们给小鸡做一件衣服吧！ (2) 教师示范三指捏的动作，捏住小棉签，将乳胶涂在小鸡的身上。 (3) 教师示范满把抓的动作，抓一小把小黄米，铺在小鸡的身上。 师：给小鸡穿上了金黄色的衣服。（同样的方法也可以装饰小鸭） 3. 亲子创作（自选小鸭小鸡）。 4. 欣赏作品并讲评。	
亲子指导	指导宝宝进行粮食粘贴时，家长注意不要让小黄米洒出托盘，指导宝宝适量使用乳胶，保持画面干净。使用生活中常见的物品进行美工活动，可以发展宝宝思维灵活性，原来粮食除了可以熬粥还可以给小鸡（小鸭）宝宝换上新衣服，在细致耐心的美术活动中，锻炼宝宝的坚持性。本次活动使用的粮食小米做粘贴材料，在活动中要看管好宝宝，以免误食或发生其他问题。	
家庭活动延伸	本活动让宝宝通过给小鸡换上新衣服，练习用小黄米进行装饰粘贴的技能，在家中可以为宝宝提供小豆豆等其他食物的种子进行粘贴活动，锻炼宝宝通过双手的触摸、操作，增强手的灵活性及协调性。	

（五）语言活动

儿歌：公鸡头母鸡头		
活动目标	婴幼儿发展目标	1. 在理解儿歌的基础上乐意参与猜测和判断的游戏活动。 2. 能听懂、理解简单的游戏规则并积极参与游戏。
	家长指导目标	1. 和宝宝玩游戏时应表情夸张，语气滑稽，激发宝宝兴趣。 2. 在游戏中巩固儿歌的记忆，锻炼宝宝的胆量和信心。
活动准备	糖果若干。	
活动时间	12分钟。	
活动过程	1. 出示糖果，引起兴趣。 师：我们今天和糖果玩游戏！ 2. 介绍游戏玩法。 （1）师：我的两只小手，一只是公鸡头，一只是母鸡头。 （2）和我一起念儿歌：公鸡头，母鸡头，猜猜我的糖果在哪头？ （3）师：猜一猜糖果在哪头？ 3. 亲子游戏。 **附儿歌：** 公鸡头，母鸡头，猜猜我的糖果在哪头？	
亲子指导	31—36个月的宝宝学习的儿歌应该短小有趣，根据儿歌家长要善于设计不同的亲子游戏，吸引宝宝参与游戏的兴趣，家长以夸张的游戏口吻邀请宝宝参与并和宝宝互动，在游戏中巩固对儿歌的记忆，也能有效促进亲子之间的亲密情感。熟练掌握游戏玩法后，家长和宝宝可以交换角色继续游戏。	
家庭活动延伸	回到家，和家里其他家庭成员也一起玩玩糖果与公鸡母鸡的游戏吧，为了避免宝宝多吃糖，可以将糖果替换成其他的物品。	

（六）再见活动

再 见 活 动	
活动目标	在模仿小动物的舞蹈中，激发宝宝参与活动的兴趣。
活动准备	歌曲《Say goodbye，小小鸡》。
活动时间	2分钟。
活动过程	以小小鸡的口吻邀请宝宝一起跳再见舞。
亲子指导	31—36个月的宝宝喜欢沉浸在欢乐的旋律中，自由扭动身体，多给宝宝提供这样的机会。
家庭活动延伸	回到家里，带着宝宝一起跟随音乐跳《Say goodbye，小小鸡》的舞蹈，歌词可以换成小小鸭等小动物。

家园合作（信息推送）

　　尊敬的家长朋友，您好！在"小鸭小鸡"的活动中，宝宝们和家长模仿了小鸡和小鸭，锻炼宝宝肢体协调性，培养宝宝活泼开朗的性格；我们和宝宝一起利用生活中常见的小米粘贴作画，锻炼宝宝通过双手的触摸、操作，增强手的灵活性及协调性。建议您在家中可以为宝宝提供小豆豆等其他食物的种子继续进行粘贴活动；在"公鸡头母鸡头"游戏中，巩固宝宝对儿歌的记忆。回到家，和家里其他家庭成员也一起玩玩糖果与公鸡母鸡的游戏吧，能有效促进亲子之间的亲密情感。为了避免宝宝多吃糖，可以将糖果替换成其他的物品哟！

活动随笔

公鸡头母鸡头

活动回顾

今天亲子活动的第五个环节是语言游戏"公鸡头母鸡头",活动设计的婴幼儿发展目标为两点:

1. 在理解儿歌的基础上乐意参与猜测和判断的游戏活动。
2. 能听懂、理解简单的游戏规则并积极参与游戏。

活动镜头一:

活动开始前把亲子游戏时需要用的糖果提前发给了宝宝,活动开始了,老师正在示范游戏,发现宝宝们开始吃糖,注意力根本没有关注游戏活动,有的家长加以制止还导致了宝宝的哭闹不止……

活动镜头二:

语言游戏"公鸡头母鸡头"开始了。教师说:"我的两只小手,一只是公鸡头,一只是母鸡头,猜猜我的糖果在哪头?"宝宝开始猜,由于宝宝们没有办法描述左手和右手,糖果究竟在老师哪只手里,只能跑到老师跟前,用手指着老师的手说:这一个,那一个……顿时活动的秩序很乱……

活动所思

活动后,有两点思考和调整。

第一,分给宝宝糖果之前一定要说清楚糖果是一会儿玩游戏使用的,看看哪一个宝宝能保护好糖果,如果游戏玩得非常好,糖果就可以跟宝宝回家,回到家里,才可以吃糖果。在后来几节活动中,采用这种提前交代清楚规则的方法,宝宝没有提前吃糖果或哭闹的现象了,而且还保护好糖果宝宝,将糖果宝宝带回家。作为早教教师,组织活动时一定要用最清晰的语言交代游戏规则,宝宝也一定会配合,避免因要求不明确而产生不愉快。

第二,老师的两只手没有任何标志,让宝宝猜一猜糖果在哪一头,的确会出现秩序混乱,宝宝一着急就会跑到前面用手指,表示自己的猜测结果。这次活动后,我用不织布做了两个不同颜色的公鸡头和母鸡头形象"戴"在手上,宝宝很清晰地表达糖果在哪一只手里,有的说在大公鸡手里,有的说在红色手里……游戏进行得很顺利,也非常有趣,猜完我还模仿有糖果的公鸡喔喔喔、母鸡咕咕叫,宝宝们开心极了。

在设计活动时,一定要关注细节处理,尤其婴幼儿年龄小,多呈现一些形象生动的教学具配合活动开展,会起到事半功倍的效果。

第五节　季 节 篇

主题说明

在2—3岁宝宝的眼里,大自然是很神奇的,丰富多彩,变化多端。从柔柔的春天到炎炎的夏季,在教师和家长的引导中感受大自然的奇妙变化。身边的一草一木都可以是宝宝观察的对象,春雨沙沙沙、柳枝正吐芽、桃花朵朵开、燕子飞回来,沙滩、阳光、小墨镜……都是那么吸引小宝贝,激发着宝宝参与大自然活动的兴趣。兴趣是引领孩子成长的动力,设置季节的主题,让宝宝在丰富多彩的游戏活动中发现并感受季节的神奇与变化,激发宝宝进一步探索大自然的好奇心。宝宝和家长在共同探索的过程中,丰富和积累相关季节知识经验,从而都获得相应发展。家长在陪伴宝宝的同时,增强相应的指导能力,有效增进亲子情感。和宝宝一起伸出双手,拥抱自然吧!

一、你好春天

（一）走线活动

托 物 走 线		
活动目标	婴幼儿发展目标	1. 发展肢体动作协调能力。 2. 发展秩序感、方向感。
	家长指导目标	带宝宝亲近大自然，引导观察，增加相关体验。
活动准备	春天景色图片，托盘。 	
活动时间	3分钟。	
活动过程	1. 走线介绍。 （1）师：接下来是我们今天的第一个活动——走线。 （2）师：请家长和宝宝一起沿着垫子上彩色的线走一走。 2. 情境导入。 （1）师：当你走到老师身边时，请你双手接小盘子，然后继续走线。 （2）师：春天到了，你发现了什么漂亮的景色？ （3）师：现在面向圆心，请你和好朋友交换小盘子。 （4）师：现在请端好你的"春天"，回到彩色圆点上吧！	
亲子指导	走线的时候，家长请保持安静，为宝宝创设安静的走线氛围。	
家庭活动延伸	走线活动能较好地锻炼宝宝的平衡能力。在家中，家长可以播放舒缓的音乐，让宝宝继续练习托物走线。	

（二）问好活动

游 戏 问 好		
活动目标	婴幼儿发展目标	1. 主动和大家问好并说出自己喜欢的颜色。 2. 感受游戏问好的欢乐氛围，愿意参与问好活动。
	家长指导目标	1. 鼓励宝宝大声回应。 2. 指导宝宝说说自己喜欢的颜色。
活动准备	手偶大嘴青蛙，颜色胸卡。	
活动时间	5分钟。	
活动过程	1. 大嘴青蛙问好。 大嘴青蛙：大家好，我是大嘴青蛙，希望大家喜欢我，谢谢！ 2. 游戏问好。 ×××，×××，你在哪里？	

	我在这里,我在这里,大嘴青蛙好! 师:大嘴青蛙唱到哪一个宝宝,请宝宝回应对唱并指着自己的颜色胸卡说"我喜欢红色"。 1=C $\frac{2}{4}$ $\underline{3\ 4}$ 5 | $\underline{3\ 4}$ 5 | $\underline{5\ 5}$ $\underline{1\ 5}$ | 5 — | ×× × ×× × 你在 哪 里? $\underline{1\ 1}$ $\underline{5\ 5}$ | $\underline{1\ 1}$ $\underline{5\ 5}$ | $\underline{5\ 4}$ $\underline{3\ 2}$ | 1 — || 我在这里 我在这里 大嘴青蛙 好!
亲子指导	游戏问好中大嘴青蛙的角色互动让问好活动变得更加有趣,家长应积极引导宝宝置身于游戏场景中,鼓励宝宝愿意用响亮的声音回应问好,从而提高宝宝主动表达自己的愿望。
家庭活动延伸	在生活中,家长可以继续引导宝宝观察并认识更多的颜色,增强宝宝识别颜色的能力。

(三)认知活动

春天的颜色		
活动目标	婴幼儿发展目标	1. 会说颜色名字、找对应颜色、将颜色配对。 2. 关注生活中的各种色彩,发展有意注意。
	家长指导目标	指导宝宝识别基本的颜色,并能联想与春天有关的信息。
活动准备	春天的课件,春天的图片。	
活动时间	10分钟。	
活动过程	1. 欣赏春天。 师:春天到了,我们一起看看春天是什么样子的。(欣赏走线春天的图片) 2. 找一找春天。(播放春天的课件) 师:春天是×颜色的。 3. 亲子时间。 (1) 亲子互动游戏:找一找,说一说。 (2) 师:春天是一个彩色的季节,是一个五颜六色的季节。	
亲子指导	31—36个月的宝宝多数已经认识3种以上的颜色,能正确指认。但是,有时会混淆,还要在生活中不断练习巩固,让宝宝对颜色认知活动保持良好的体验和兴趣。	
家庭活动延伸	家长朋友可以利用休息时间带宝宝外出欣赏春天美丽的景色。在家里,可以结合实物、图片玩一玩指辨颜色游戏,增强宝宝识别颜色的能力。	

(四)语言活动

故事:《春天的电话》		
活动目标	婴幼儿发展目标	1. 理解简单的故事情节,能讲出画面的主要内容。 2. 会使用简单的句子进行故事情节的叙述。 3. 在亲子游戏中,练习讲故事中的对话,感受亲子连线的甜蜜。
	家长指导目标	1. 指导宝宝一页一页翻阅绘本。 2. 善于营造亲子游戏的氛围,享受亲子连线时间。

续 表

活动准备	故事大书,绘本若干,故事课件,自制纸杯电话。
活动时间	12分钟。
活动过程	1. 情境导入。 师:叮铃铃,是谁打来的电话呀?宝宝快来猜一猜吧! 2. 欣赏故事。 (1) 播放故事课件,介绍故事名称《春天的电话》。 (2) 欣赏故事,先播放画面,再讲述故事。 (3) 播放一页画面,讲述一页故事。 3. 亲子时间。 (1) 陪伴宝宝翻阅绘本,一页一页向后翻书。 (2) 亲子电话游戏,练习故事中的对话。
亲子指导	31—36个月的宝宝可以尝试在一定的情境中练习故事中的对话。在"春天的电话"亲子时间家长和宝宝用提供的自制纸杯电话,连线打电话,让宝宝在有趣的游戏情境中进行简单的故事叙述。
家庭活动延伸	在日常生活中,家长应坚持给宝宝讲故事,故事可以是宝宝熟悉的。可以和宝宝玩一玩故事中的游戏,模仿故事中的角色进行对话等,发展宝宝口语表达能力。

(五)动作发展活动

粗大动作活动:小雨滴做游戏(彩虹伞)		
活动目标	婴幼儿发展目标	1. 发展听信号做动作的能力。 2. 激发参与体育活动的兴趣,愿意合作,感受亲子合作运动的快乐。
	家长指导目标	1. 在游戏中引导宝宝听信号做出相应反应的能力,体验集体游戏氛围。 2. 积极参与彩虹伞的游戏,增进亲子之间的情感交流。
活动准备	彩虹伞,海洋球,音乐。	
活动时间	12分钟。	
活动过程	1. 热身运动。 播放音乐,宝宝和家长做简单律动。 2. 彩虹伞的玩法。 (1) 家长和宝宝双手拉彩虹伞边,跟着老师的口令上下抖动。 (2) 家长连续将彩虹伞上下抛起3次,每一次彩虹伞向上时大家一起蹲下,彩虹伞向下时,大家一起站起来。 3. 小雨滴游戏。 (1) 教师把海洋球倒在彩虹伞上面,念儿歌《小雨滴》,家长和宝宝跟着节奏上下抖动彩虹伞并按照一定的方向拉着伞走一走。	

	（2）教师念到儿歌最后"收起来"时,大家一起将彩虹伞用力向上抛,同时松开双手,将海洋球抖出彩虹伞(像雨点洒落一样)。 4.　教师收伞,和宝宝做放松游戏。 **附儿歌:《小雨滴》** *彩虹伞转转转,* *彩虹伞飞起来。* *沙沙沙下雨啦,* *彩虹伞收起来。*
亲子指导	在彩虹伞的游戏中,引导宝宝听信号做出反应,体验集体游戏氛围。随着大家抖动彩虹伞,彩虹伞上的海洋球上下跳动,刺激宝宝视觉神经,让宝宝感知空间位置的移动。大家合作游戏有一种很浓的游戏氛围,宝宝愿意参与并感受亲子合作游戏的快乐。
家庭活动延伸	家长应该多带宝宝去户外参加锻炼,多参加一些体能的游戏,培养宝宝良好的运动习惯。在体能游戏中,家长和宝宝相互协作,增进亲子感情。

（六）再见活动

再 见 活 动	
活动目标	在亲子连线的再见活动中,培养宝宝有礼貌的情感。
活动准备	歌曲《宝宝再见》,纸杯电话。
活动时间	3分钟。
活动过程	大家一起跳再见舞,再用纸杯电话连线说"再见"。
亲子指导	通过亲子连线说"再见"的游戏,增进亲子感情。
家庭活动延伸	回到家里可以和宝宝继续亲子连线说甜蜜悄悄话。

家园合作（信息推送）

　　尊敬的家长朋友,您好! 春雨沙沙沙、柳枝正吐芽、桃花朵朵开、燕子飞回来……春天真美呀! 今天我们和宝宝开展"你好春天"活动。宝宝和家长在《春天的电话》故事中,练习讲故事中的对话,感受亲子连线的甜蜜;和彩虹伞做游戏,感受多彩的春天,通过玩彩虹伞活动,发展宝宝听信号做出反应的能力,培养宝宝参与体育活动的兴趣,愿意合作,感受亲子合作运动的快乐。春天来了,您可以和宝宝继续在大自然中找春天,陪伴宝宝的同时,能有效增进亲子情感。还等什么,和宝宝一起伸出双手,拥抱美丽的春天吧!

活动随笔

在细节中彰显专业精神

活动回顾

　　本周我们和宝宝一起开展"你好春天"的活动,语言活动环节有一个温馨的故事《春天的电话》,在讲述故事的环节里,有一个亲子连线打电话的游戏。所以,需要在活动之前老师自制一批纸杯电话提供给宝宝和家长使用。我们自制纸杯电话的时候,园长也参与其中,当我们准备用牙签穿过纸杯进行栓棉线时,园长发现了问题并向我们进行了一系列的发问:"你们为宝宝提供的小牙签,是什么样的牙签?""你们看看有什么问题吗?""是不是有需要处理的地方呢?"……经过追问,我们意识到牙签是普通的牙签,两头是尖尖的,没有经过任何处理。我们一直认为纸杯电话是老师来制作,所以就没有考虑牙签的安全性。在园长的建议下,我们将牙签的尖儿全部用剪刀修剪,然后利用砂纸进行打磨,打磨过的牙签非常的圆滑。宝宝们非常喜欢纸杯电话,活动结束后,送给他们带回家,继续和家人甜蜜连线。

活动所思

这次活动之后,让我们全体教师再一次感受到提供给宝宝所有的教学具都必须是最安全的。牙签虽然很小,但给我们的启发却很大,活动中一些细节如果处理不得当的话,极有可能会对宝宝造成一些伤害。我们将牙签的尖儿全部用剪刀修剪,然后用砂纸进行打磨,这也是感悟最深的过程。同时,我们在活动中也给家长做了温馨的提示。我们传递给家长的理念是我们为宝宝提供的所有材料都是安全的,哪怕是小小的牙签都是用砂纸打磨过的,家长赞许的眼神,传递的是对我们的专业性的高度认同。推送家园合作信息时,我们再一次提醒家长,在家里为宝宝提供所有的材料都应该、也必须是安全的。

二、开心一夏

(一)走线活动

托 物 走 线		
活动目标	婴幼儿发展目标	1. 培养专注力。 2. 培养托物走线行走时的平衡感。
	家长指导目标	1. 引导宝宝观察水果的外形。 2. 鼓励宝宝用语言表达自己的想法。
活动准备	舒缓的音乐、方形盘子、各种各样的水果模型。	
活动时间	2分钟。	
活动过程	1. 走线介绍。 师:接下来是我们今天的第一个活动托物走线。请家长朋友和宝宝一起沿着垫子上彩色的线走一走。 2. 情境导入。 (1)师:当你走到老师身边时,请你双手接小盘子(水果盘),然后继续走线。 (2)师:夏天到了,你喜欢吃什么水果呢? (3)师:现在面向圆心,请你和好朋友交换水果盘。 (4)师:你的水果是什么样子的?(看着图片说一说) (5)师:现在请端好你的水果盘,回到彩色圆点上吧!	
亲子指导	在生活中,培养宝宝善于发现的好习惯,学习表达自己的发现。鼓励宝宝表达,积累相关经验。	
家庭活动延伸	走线活动可以平复宝宝的情绪,让宝宝放松身心尽快融入活动中。在家里,家长可以为宝宝播放一些舒适优美的音乐让宝宝欣赏。	

(二)问好活动

游戏问好		
活动目标	婴幼儿发展目标	1. 情绪愉快地介绍自己和自己喜欢吃的水果。 2. 大方地回应教师的问好。
	家长指导目标	1. 引导宝宝介绍自己爱吃的一种水果。 2. 对唱一定要认真参与,给宝宝做出示范。

活动准备	各种水果胸卡贴。
活动时间	5分钟。
活动过程	1. 教师自我介绍。 师：大家好,我是××老师,我是一个女生,我喜欢草莓,谢谢! 2. 对唱问好。 红苹果,红苹果,你在哪里? 我们在这里,我们在这里,××老师好! (1) 师：请唱到的水果宝宝一起和老师对唱问好。 (2) 唱到的水果宝宝依次介绍:大家好,我是×××,我喜欢苹果,谢谢! $$1=C \quad \frac{2}{4}$$ $$\underline{3\ 4}\ 5\ \Big|\ \underline{3\ 4}\ 5\ \Big|\ \underline{5\ 5}\ \underline{1\ 5}\ \Big|\ 5\ -\ \Big|$$ $$\underline{1\ 1}\ \underline{5\ 5}\ \Big|\ \underline{1\ 1}\ \underline{5\ 5}\ \Big|\ \underline{5\ 4}\ \underline{3\ 2}\ \Big|\ 1\ -\ \Big\|$$
亲子指导	31—36个月的宝宝已经开始对各种各样的水果表现出自己的喜好。对唱问好中可以根据宝宝的能力加入水果的颜色、味道、外形的介绍。
家庭活动延伸	在家里,引导宝宝用语言表达自己喜欢的水果的颜色和形状。

(三) 艺术活动

音乐活动：洗水果(韵律)		
活动目标	婴幼儿发展目标	1. 学习歌曲,了解歌曲内容,感知歌曲的旋律。 2. 尝试按节奏为歌曲配上身体动作表现,做出不同的动作。
	家长指导目标	鼓励宝宝用自己的身体动作表现洗水果。
活动准备	歌曲《洗水果》。	 歌曲《洗水果》
活动时间	12分钟。	

活动过程	1. 情境导入。 (出示大苹果)师：你们会洗水果吗？ 2. 熟悉歌曲。 (1) 师：我们一起洗水果吧！ (2) 师：歌曲里听到什么？(洗澡、泡泡) (3) 师：水果不能直接放到嘴巴里，我们要先给水果洗洗澡。 3. 声势练习。 师：现在请你的小手变出来，我们跟着音乐一起来洗洗水果吧。(拍手、拍肩、拍腿) 4. 亲子游戏。
亲子指导	31—36 个月的宝宝会随着音乐的节奏，根据歌词进行肢体动作的模仿。家长引导宝宝跟随教师拍手、拍肩、拍腿，感知音乐节奏。鼓励宝宝根据歌词做出相应的动作，培养宝宝的乐感和创造力。
家庭活动延伸	在家庭生活中，引导宝宝观察水果的不同，鼓励宝宝自己动手洗洗水果，培养宝宝热爱劳动的好习惯。良好的行为习惯都是在强化中培养的，对于宝宝良好的表现，家长应及时给予赞赏，正强化宝宝的行为。

（四）动作发展活动（精细动作活动）

精细动作活动：水果皇冠（剪贴）		
活动目标	婴幼儿发展目标	1. 在剪剪、贴贴、画画中学习使用剪刀，练习双手配合。 2. 锻炼手指小肌肉控制与手指协调能力。
	家长指导目标	1. 鼓励宝宝独立完成作品。 2. 使用剪刀时根据需要适度帮助。
活动准备	彩色卡纸，水果图片，安全圆头剪刀，印花图案，胶水，水彩笔。 	
活动时间	14 分钟。	
活动过程	1. 教师以标准姿势取学具。 师：接下来是美术活动时间。 2. 教师示范。 (1) 教师示范使用剪刀，剪皇冠轮廓。 (2) 装饰水果皇冠，教师示范三指捏棉签，蘸取胶水，另一只手捏小贴花，涂胶水，粘贴在皇冠上，进行装饰。 (3) 师：小皇冠制作完成了。 3. 亲子时间。 家长和宝宝共同完成水果皇冠。(家长和宝宝分工合作) 4. 展示时间。 师：戴上水果皇冠，和小伙伴一起合影留念吧！	

续　表

亲子指导	31—36个月的宝宝可以学着使用剪刀,学习使用工具、练习双手配合,剪剪贴贴,完成一张张作品,是宝宝思维和能力进步的表现。家长尽量让宝宝独立完成制作,如宝宝有困难,可以与宝宝共同协作完成。 在装饰过程中,家长要多给宝宝机会,让宝宝自己设计,家长可以用商量的口吻给宝宝提一点建议。
家庭活动延伸	通过水果皇冠的美术活动,让宝宝练习剪剪、贴贴、画画,发展小肌肉动作,并体验合作制作的亲子乐趣。为宝宝提供的剪刀应该是圆头安全的婴幼儿专用剪刀,使用剪刀时家长请做好陪伴,保护宝宝的安全。同时,提供方便宝宝剪的纸条和纸片。将宝宝的作品挂在家里,家人一起欣赏。 日常生活中,可以请宝宝使用喷壶为植物喷水,锻炼宝宝手指小肌肉的控制能力,培养宝宝的责任心。

（五）动作发展活动（粗大动作活动）

粗大动作活动：水果蹲蹲乐		
活动目标	婴幼儿发展目标	1. 练习蹲、站的动作技能,增强下肢和腰腹部的力量。 2. 感受集体游戏的欢乐氛围。
	家长指导目标	1. 引导宝宝认识各种各样的水果并说出颜色,发现不同之处。 2. 培养孩子遵守游戏规则的意识。
活动准备	各种水果胸贴。	
活动时间	12分钟。	
活动过程	1. 热身运动。 播放音乐,跟随音乐活动全身。 2. 游戏导入。 师:水果要和我们玩一个蹲蹲乐游戏。 3. 介绍游戏。 (1) 师:请宝宝先看一看自己是什么水果。 (2) 师:当听到自己的水果时,请你和妈妈手拉手一起跟着节奏上下蹲起。 4. 亲子游戏。 **附儿歌:** 红苹果蹲,红苹果蹲,红苹果蹲完×××蹲。	
亲子指导	31—36个月的宝宝通过蹲起的游戏,能锻炼平衡感和身体控制能力。"蹲蹲乐"游戏不仅能锻炼宝宝蹲起的技能,同时能有效培养宝宝听信号做出反应的能力。如果宝宝参与游戏的积极性不高,家长要以饱满的热情投入游戏中去,激发宝宝对游戏的兴趣。	
家庭活动延伸	回家后,家长可带着宝宝继续进行游戏,通过这个游戏可以锻炼宝宝的反应能力,且让宝宝能够对水果有所认知。家长在家可与宝宝继续进行"蹲蹲乐"游戏,引导宝宝与他人互换角色。	

（六）再见活动

再　见　活　动
活动目标
活动准备
活动时间

再　见　活　动	
活动目标	在和水果宝宝说"再见"的游戏中,培养宝宝喜欢水果的情感。
活动准备	歌曲《宝宝再见》,各种水果胸卡贴。
活动时间	2分钟。

活动过程	水果宝宝一起跳再见舞。和喜欢的"水果宝宝"说一声"下次见"。（将《宝宝再见》的歌词改成水果宝宝。）
亲子指导	家长要和宝宝一起跳舞。鼓励宝宝去找更多的水果宝宝说"再见"。
家庭活动延伸	在生活中，要引导宝宝吃各种各样的水果，均衡营养。

家园合作（信息推送）

尊敬的家长朋友，您好！夏天是绚烂的，香甜的水果，透心凉的水中嬉戏，一切都是婴幼儿最喜欢的模样。我们和宝宝学习了有趣的韵律活动"洗水果"，在家庭生活中，可以尝试让宝宝自己洗洗水果，观察水果的不同，培养宝宝热爱劳动的好习惯。好的行为习惯都是在强化中稳固下来，所以对于宝宝良好的表现，发现就一定及时给予赞赏，正强化宝宝的行为。我们一起使用剪刀制作"水果皇冠"，好玩易学的手工，不仅让宝宝获得了成长，也让您看到宝宝的变化，建议您对宝宝不要过多包办代替，把更多的动手机会还给宝宝，相信宝宝有能力自己完成作品。我们一起玩了亲子乐开怀的"蹲蹲乐"游戏，回到家里可以继续加入不同的水果、蔬菜玩一玩"蹲蹲乐"游戏。在季节的主题中，让我们和宝宝共同成长，是一件多么幸福愉悦的事情呀！

活动随笔

在信任中促进亲子关系

活动回顾

回顾今天的亲子活动，带宝宝剪贴水果皇冠给我留下很深的印象。

本次活动以夏天为主题，通过制作水果皇冠，让宝宝掌握剪刀的使用方法，用自己的方法进行装饰粘贴，制作属于自己的不一样的皇冠。在制作皇冠的过程中，我们发现宝宝和家长有很多的沟通和交流，接下来分享几个场景，在这些场景中可以感受到家长和宝宝之间相互尊重，相互协作。

场景一：

妈妈：宝宝，你能帮助妈妈把打卡机里的小花放在小盘子里吗？

宝宝：好的妈妈。妈妈，胶水粘在我手上了！

妈妈：你可以试一试用布擦一下手。像这样，对，拿着小棉签蘸好胶水在盘子边上抹一抹，试一试。

场景二：

妈妈：宝宝，你可以自己根据你的想法在皇冠上画一画。你想画什么都可以，但是不能太乱，太乱就不好看。

场景三：

宝宝：妈妈，这个皇冠做好以后，我们可以带回家，是不是？妈妈，我可以跟我的好朋友一起戴吗？

妈妈：当然可以的，我们到家就邀请你的好朋友来玩，戴一戴你的皇冠。那你现在必须先自己完成你的皇冠！

这样的三个场景好温馨，宝宝和妈妈之间已经可以相互信任、相互合作，宝宝在这个游戏氛围中得到了尊重，和妈妈一起来制作水果皇冠。妈妈不替代宝宝完成作品，而且在装饰皇冠的过程中，家长没有干预宝宝，只是给宝宝提了一个明确具体的要求：不能画得太乱。

活动所思

在这样的亲子活动中，家长和宝宝都在不知不觉地进步，在老师的引导中，他们懂得去询问、去帮助、去沟通,亲子关系一步一步地变得更加亲密。众所周知,良好的亲子关系能够让宝宝得到安全感,逐渐完善自己的人格,增强宝宝的自信心。放松的心情、愉悦的体验能够让宝宝和家长彼此之间相互理解,相互尊重。

第六节 节 日 篇

主题说明

在2—3岁年龄段我们分上学期和下学期均设置"节日篇",在"母亲节""父亲节""劳动节""六一儿童节"这些特别的节日里,让宝宝们尽情游戏,和同伴们体验分享节日带来的快乐。例如,在"母亲节"的亲子活动中,我们给妈妈做一串项链,做一朵美丽的小花送给妈妈,和妈妈一起唱歌、跳舞、玩游戏,和妈妈一起听好听的故事……通过宝宝制作礼物,对妈妈说祝福话语,感受妈妈的爱,萌发爱妈妈的情感,促进了宝宝各方面知识的迁移能力发展。在活动中,教师给予家长合理化建议,让家长在家庭中也能科学指导宝宝获得发展,在发展中体验成功的快乐!

一、亲亲妈妈

(一)走线活动

音乐游戏导入		
活动目标	婴幼儿发展目标	1. 用音乐游戏的方式和妈妈一起跳舞。 2. 愿意用多种方式表达对妈妈的爱,学说关心妈妈的温暖话语。
	家长指导目标	1. 要用自己的方式表达对宝宝的爱。 2. 宝宝表示爱妈妈时,要及时给宝宝拥抱或亲吻。
活动准备	音乐《圆舞曲》。	
活动时间	3分钟。	
活动过程	1. 走线介绍。 师:今天××老师要请大家一起来跳《圆圈舞》,请大家手拉手围成一个圆圈,一起来跳舞吧! 2. 情境导入。 (1) 师:在我们的身边有一个非常爱你们的人,很美丽也很温柔,她就是我们的妈妈。我爱我的妈妈。 (2) 师:现在请和妈妈拥抱一下,给她说一句甜蜜的悄悄话吧! (3) 师:现在请妈妈拉着宝宝的小手继续跳圆圈舞吧! (4) 师:现在请妈妈给宝宝一个甜甜的吻,一起回到小圆点坐下来吧!	
亲子指导	31—36个月的宝宝知道妈妈很爱自己,如果宝宝对妈妈做出一些感谢的行为要及时作出回应,让宝宝知道妈妈是爱自己的。在家里,可以鼓励宝宝为家人做一些温暖的事情,比如,拿好拖鞋等妈妈下班。	
家庭活动延伸	通过圆圈舞拉近了宝宝和妈妈的情感,相互的拥抱亲吻和甜蜜的悄悄话,一定会给宝宝留下温暖的体验,让宝宝知道妈妈很爱很爱自己哟!	

（二）问好活动

自 然 问 好		
活动目标	婴幼儿发展目标	1. 用简短的句子介绍自己的妈妈,并用拥抱表达爱妈妈的情感。 2. 主动介绍,声音响亮清晰。
	家长指导目标	家长要投入地有感情地跟唱,用自己的情绪感染宝宝。
活动准备	布偶妈妈,布偶乐乐。	
活动时间	3分钟。	
活动过程	1. 布偶乐乐介绍妈妈。 　布偶乐乐:大家好,我是你们喜欢的乐乐,这是我的妈妈,我很爱她! 2. 宝宝介绍自己的妈妈。 　布偶乐乐:小伙伴们,谁愿意介绍一下自己的妈妈呢? 好,你先来吧! 3. 甜蜜时间。 　布偶乐乐:现在和自己最爱的妈妈说句悄悄话,拥抱一下妈妈吧!	
亲子指导	31—36个月的宝宝和妈妈有很深的感情,宝宝主动地向别人介绍自己的妈妈时,妈妈一定要给宝宝甜蜜的回应,亲吻拥抱,传递妈妈也很爱宝宝的情感。拥抱是一种良好的亲子沟通方式,是父母用身体传递一种力量,通过拥抱让宝宝感受到父母的爱,要记得经常拥抱宝宝哟!	
家庭活动延伸	和家人生活在一起,记得要经常和宝宝、家庭成员拥抱一下,营造亲密的氛围。	

（三）语言活动

故事:《忘了说我爱你》		
活动目标	婴幼儿发展目标	1. 能安静地倾听故事,初步理解故事的内容。 2. 懂得妈妈是爱自己的,表达爱的方式可以有很多。
	家长指导目标	1. 理解宝宝的不良情绪,学会悦纳自己的宝宝。 2. 尝试用不同的方式表达对宝宝的爱。
活动准备	绘本《忘了说我爱你》,故事课件。	
活动时间	8分钟。	
活动过程	1. 情境导入。 师:现在请宝宝坐在妈妈的怀抱中,一起听一个很温暖的故事。 2. 讲述故事。 播放课件讲述《忘了说我爱你》。 (1) 师:你们喜欢这个妈妈吗? (2) 师:妈妈为什么要拥抱宝宝呢? (3) 师:你们喜欢小熊的妈妈吗? 3. 亲子时间。 (1) 师:和妈妈一起翻一翻绘本,讲一讲这个好听的故事吧! (2) 师:现在是不是想对妈妈说点什么呢? 如果爱妈妈就给妈妈一个大大的拥抱吧! 如果爱宝宝就给宝宝一个甜蜜的亲吻吧! 这个故事告诉我们,再忙也不要忘记说——我爱你!	
亲子指导	31—36个月的宝宝愿意听喜欢的故事,能在家长的引导下理解故事内容,家长可以根据故事设计一些关键性的提问来帮助宝宝理解故事。学会说故事中的句子,是这个阶段应该着重进行的训练,优美的短句、简单的句子,都可以让宝宝学着说一说,尝试进行故事复述。	
家庭活动延伸	每一个孩子心中的妈妈都是最好的。但是,有时妈妈会因为事情多、工作忙、情绪烦躁而忽略或错怪宝宝。通过故事,家长学习处理情绪的方法,用大大的拥抱表达自己对宝宝对家人的爱,是一种简单又有爱的行为,记得要经常拥抱和亲吻你爱的人哟!	

（四）艺术活动（音乐）

音乐活动：妈妈宝贝（韵律）		
活动目标	婴幼儿发展目标	1. 学唱歌曲，尝试用动作、表情表达对妈妈的喜爱之情。 2. 在韵律活动中感受亲子的温暖爱意。
	家长指导目标	1. 鼓励宝宝用自己的动作和表情表达对妈妈的喜爱之情。 2. 在亲子互动中表达对妈妈的爱，增进亲子亲密度。
活动准备	歌曲《妈妈宝贝》。 歌曲《妈妈宝贝》	
活动时间	10分钟。	
活动过程	1. 故事情境导入。 师：我们听了故事《忘了说我爱你》，妈妈好爱好爱自己的宝宝，你们爱妈妈吗？ 2. 欣赏歌曲，理解歌词。 （1）师：有一首歌曲，名字叫《妈妈宝贝》，送给宝宝和妈妈。 （2）请宝宝坐在家长的小摇篮里（怀抱加腿弯里），家长轻轻地摇晃小摇篮，我们一起听歌曲吧！（熟悉歌曲，感受节奏） （3）请宝宝和妈妈面对面，唱歌的时候可以加上你喜欢的动作。（自由创作并愿意表演） 3. 亲子甜蜜时光。 师：我们围成一个圆圈，用美妙的歌声和好看的动作表达对妈妈的爱吧！（鼓励宝宝用自己的方式表达对妈妈的爱）	
亲子指导	31—36个月的宝宝能够模仿动作，学唱歌曲。经常开展韵律活动，能促进宝宝动作模仿能力，提升身体动作协调性和对节奏的感受力。在引导鼓励中，宝宝尝试创编一些动作，用动作、表情表达对妈妈的喜爱之情。歌曲结束时，家长可以给宝宝一个热烈的拥抱，让宝宝充分享受亲情，体验亲情。	
家庭活动延伸	通过韵律活动"妈妈宝贝"，让宝宝感受妈妈对自己温暖的爱。回到家里，和宝宝一起进行表演。加入甜蜜小任务让宝宝执行，用自己的行为真实表达对妈妈的爱。	

（五）动作发展活动

精细动作活动：穿项链		
活动目标	婴幼儿发展目标	1. 练习"三指捏"的技能，掌握穿珠的基本方法。 2. 尝试选择大小、颜色不同的珠子和软硬、长短不同穿珠线练习。 3. 锻炼手眼协调和双手配合能力。
	家长指导目标	1. 鼓励宝宝反复操作，在重复中巩固技能。 2. 观察宝宝手眼协调性和双手配合做事的能力。
活动准备	大小、颜色不同的珠子，软硬、长短不同的穿珠线。 	

活动时间	8分钟。
活动过程	1. 教师以标准的姿势取学具。 （1）教师分三个方位介绍学具名称：穿珠。 （2）教师把学具从操作盘中取出依次摆放。 2. 示范操作。 师：我们给妈妈做一条漂亮的项链吧！ （1）教师分三个方位示范左手三指捏的动作。 （2）右手拿起绳子的一端，左手三指捏一个小珠子。 （3）右手拿绳子的一端和珠子的小孔对准，缓慢穿过。 （4）左手将绳子拉出，点点头，示意穿好了。 （5）依次穿好剩下的珠子。 3. 整理学具。 （1）学具整理后，放回操作盘。 （2）师：东西从哪里拿，送到哪里去。 4. 向家长介绍活动目标及家庭活动延伸。 5. 亲子操作，教师巡回指导。
亲子指导	31—36个月的宝宝喜欢玩穿珠子的游戏，在设计这类技能练习时一定要富有情境性、趣味性，吸引宝宝坚持完成。穿珠需要一定的耐心和坚持性，在穿珠活动中发现规律并逐渐学会按颜色、形状、大小等规律进行排序，锻炼宝宝分类能力。要及时调整绳子的软硬度和长短，调整珠子的大小，给宝宝略高于自己能力发展的材料。
家庭活动延伸	这个阶段的宝宝喜欢玩"穿""拉"的游戏，在这个过程中，宝宝的双手配合能力和手眼协调性会自然地发展。我们今天选取了"给妈妈做项链"的游戏，家长们可以在家中寻找扣子、吸管等替代珠子，寻找毛线、鱼线等替代穿珠线，大小不同的珠子和粗细不同、软硬不同的线可以让宝宝在练习中获得更多的发展。但是，当宝宝很认真却很难完成时，家长要及时给予适当的帮助，增强他们的自信心。

（六）艺术活动（美术）

美术活动：送给妈妈的小花（超轻黏土）		
活动目标	婴幼儿发展目标	1. 巩固团圆、压扁技巧，锻炼手部小肌肉的灵活性。 2. 表达对妈妈的喜爱，增进亲子情感。
	家长指导目标	1. 鼓励宝宝独立制作小花送给妈妈，体验成功的快乐。 2. 与宝宝有效互动，增强教育能力，体验做父母的成就感。
活动准备	超轻黏土，蓝色垫板。 	
活动时间	12分钟。	

续　表

活动过程	1. 情境导入。 师：母亲节到了，我们制作一朵小花送给亲爱的妈妈吧！ 2. 示范讲解。 三个方位介绍超轻黏土。 师：今天我们要用超轻黏土制作一朵小花送给妈妈。 （1）先取出红色超轻黏土，三个方位介绍"红色"，示范三指捏取出超轻黏土，手心相对轻轻地团圆，我们用它当做花托。"（动作要慢） （3）再取一块黄色超轻黏土，手心相对轻轻团圆，我们用它来做花瓣。（四个） （4）同样的方法做花心。 （5）教师手心相对把团圆好的花托、花瓣和花心压扁。 （6）师：我们把花托、花瓣和花心组合在一起，一朵小花就制作完成了。 3. 亲子创作。 教师观察并提醒家长不要替代，让宝宝独立完成作品。 师：宝宝们为妈妈做的小花真美，送给妈妈的时候要说一句悄悄话"妈妈我好爱你"。
亲子指导	31—36个月的宝宝已经具备团圆、压扁的技能，但还需要家长积极创设有趣的游戏情境，积极参与宝宝的泥塑活动，在反反复复练习中，有效提高宝宝手部肌肉的灵活性。有的宝宝团圆技能掌握不好，家长要有耐心，可以握住宝宝的小手练习画圆圈的动作教宝宝团圆手法和技能，但不要完全代替孩子操作。
家庭活动延伸	在家中带领宝宝进行美术活动，本着取材方便的原则，家长可以用面团代替超轻黏土进行游戏，同样可以锻炼宝宝的双手配合和手眼协调，激发宝宝积极参与美术活动的乐趣。

（七）再见活动

再 见 活 动	
活动目标	以愉快的方式结束课程，给宝宝愉悦的体验。
活动准备	歌曲《宝宝再见》。
活动时间	1分钟。
活动过程	教师邀请宝宝和家长一起跟随音乐《宝宝再见》跳舞，和自己的妈妈轻轻拥抱，表达对妈妈的爱。
亲子指导	在再见过程中，家长要唱起来跳起来，引导小宝宝和老师一起跳，小嘴巴唱出来。
家庭活动延伸	当宝宝和家人说"再见"的时候，可以互相拥抱一下，培养亲密感情。

家园合作（信息推送）

　　尊敬的家长朋友，您好！母亲节即将到来，我们组织开展"亲亲妈妈"亲子活动，宝宝们为妈妈做一串项链，做一朵美丽的小花送给妈妈，和妈妈一起唱歌、跳舞、玩游戏，和妈妈一起听好听的故事……通过宝宝亲自动手为妈妈制作礼物，对妈妈说一句祝福话语，体会妈妈的爱，萌发爱妈妈的情感，促进宝宝各方面知识的迁移能力发展。最后，祝群内所有的妈妈节日快乐哟！

活动随笔

适度引领隔代代养人成长

活动回顾

　　今天的艺术活动是韵律"妈妈宝贝"，这是一首好听的歌曲，音乐优美舒缓，宝宝坐在家长的"小摇篮"（怀抱加腿弯里）里，请家长左右摇晃"小摇篮"，让宝宝感受音乐的舒缓悠扬，然后询问宝宝和家长音乐听起来有什么样的感觉？接下来进行抚触练习，家长从宝宝的肩膀处从上往下有节奏地进行抚触练习，伸展宝宝的手臂，家长在宝宝的耳边轻声哼唱歌曲。熟悉音乐后，请宝宝进行"妈妈宝贝"韵律活动。最后，围成一个圆圈，用歌声和动作表达对妈妈的爱，歌曲结束时，家长给宝宝一个温暖的拥抱，让宝宝充分享受亲情，体验亲情。

韵律活动能促进宝宝动作模仿能力，提升身体动作协调性和对节奏的感受力。31—36个月的宝宝能够模仿老师的动作，并学唱歌曲。通过"妈妈宝贝"的韵律活动，在教师和家长的引导鼓励中，宝宝尝试创编一些动作，用动作、表情表达对妈妈的喜爱之情。

活动所思

在活动中，宝宝和妈妈互动非常甜蜜，但也同时发现有部分隔代代养人和宝宝互动性比较差，家长会选择坐在垫子上不动，只是看宝宝做动作，或者用语言指令："你赶紧跟着老师学呀！"有的宝宝在指令下跟着老师跳起来，但情绪不高；有的宝宝则坐着或趴在垫子上根本不理睬……这时家长会表现得很生气，更加指责宝宝或采用强制方法让宝宝跟着老师跳舞……

我采用的方法是微笑走近隔代代养人身边，轻轻地用动作加语言的方式提示他们为宝宝做好示范："家长们，您是宝宝最好的榜样，请您要为宝宝做好示范，您积极地参与活动是对宝宝最好的示范，您看，这些宝宝和妈妈玩得多开心呀……"

亲子活动重在"亲"，辅在"子"，作为早教教师我们有责任引领家长成长，让家长知道自己积极参与活动对宝宝来说是最好的示范和榜样，宝宝会在模仿中建立良好的学习习惯、倾听习惯，和宝宝一起互动游戏，也能较好地促进亲子感情。

二、劳动光荣

（一）走线活动

音乐游戏导入		
活动目标	婴幼儿发展目标	1. 在音乐中模仿司机、医生、警察等不同职业的人。 2. 积极参与音乐游戏，享受游戏的快乐。
	家长指导目标	1. 鼓励宝宝跟随音乐游戏做适合的动作。 2. 家长动作要适度夸张，形象表现不同职业的特点。
活动准备	手指偶（爸爸、妈妈、爷爷、奶奶、宝宝），音乐《伊比呀呀》。	
活动时间	3分钟。	
活动过程	1. 走线介绍。 师：接下来是我们今天的第一个活动——走线活动。 2. 情境导入。 （1）师：叮铃铃，乐乐的一家起床了。洗洗脸，刷刷牙，换上干净的衣服，吃早餐，准备出发啦！ （2）爷爷是司机，开着小汽车，嘀嘀，姐姐的学校到了，姐姐去上学，姐姐再见！ （3）嘀嘀！妈妈的医院到了，妈妈是医生，妈妈再见！ （4）嘀嘀！爸爸的单位到了，爸爸是警察，爸爸再见！ （5）乐乐和奶奶去……，嘀嘀，……到了！	
亲子指导	31—36个月的宝宝喜欢模仿周围的人。通过走线活动，让宝宝模仿司机、医生、警察等不同职业的人，体验游戏的快乐。	
家庭活动延伸	走线活动能较好地锻炼宝宝的平衡能力，在家中让宝宝模仿身边不同职业的人。	

（二）问好活动

游戏问好		
活动目标	婴幼儿发展目标	熟悉不同职业的人们。
	家长指导目标	和宝宝一起模仿、对唱，表达扮演角色的自豪感。
活动准备	厨师、医生、警察、消防员的胸卡。	
活动时间	5分钟。	
活动过程	1. 情境导入。 师：今天宝宝们变成了小厨师、小警察、小消防员和小医生，欢迎大家参加活动！ 2. 对唱问好。 小厨师，小厨师，你在哪里？ 我在这里，我在这里，××老师好！ 3. 教师依次问好，扮演的宝宝同时回应对唱。 1=C 2/4 3 4 5 | 3 4 5 | 5 5 1 5 | 5 — | 1 1 5 5 | 1 1 5 5 | 5 4 3 2 | 1 — ‖		
亲子指导	31—36个月的宝宝对于不同的职业的名称还不太熟悉和了解，活动前我们通知家长有意识地引导宝宝观察生活中不同职业的人都在做什么，有了一定的经验准备。宝宝在活动前自选胸卡，扮演成不同职业的人，帮助宝宝理解不同职业的特点。	
家庭活动延伸	在日常生活中，家长要积极引导宝宝多观察周围的人，职业、服装等有什么不同，逐渐熟悉并了解周围的人，培养宝宝的社会性情感。	

（三）认知活动

不同的职业		
活动目标	婴幼儿发展目标	1. 通过观察、辨认不同职业的服装或图片标志，了解不同职业的工作不同。 2. 初步建立对不同职业的认识，萌发理解关心周围人的情感。
	家长指导目标	1. 引导宝宝观察并正确说出不同职业的人的不同。 2. 创设条件，引导宝宝在生活中寻找不同职业的人。
活动准备	不同职业人的图片（服装不同、做的工作不同等）。	
活动时间	10分钟。	
活动过程	1. 谈话导入。 师：你们的爸爸妈妈每天都要去干什么呢？ 2. 游戏"找一找"。 （1）师：看！这么多人！他们都是谁？ （2）我们找一找，他们在做什么？ 3. 亲子时间。 我们听着音乐一起和宝宝做动作，玩一玩"猜猜看"的游戏吧！（家长做职业不同的人，宝宝猜一猜）	

亲子指导	31—36个月的宝宝通过观察已经熟悉一些不同职业的人们,在生活中还应该继续引导观察,找不同职业的特点,鼓励宝宝说一说,培养宝宝关心周围的人。
家庭活动延伸	在生活中,引导宝宝认识不同职业的标志,知道不同职业的辛苦。

（四）艺术活动

音乐活动：加油干（乐器演奏）		
活动目标	婴幼儿发展目标	1. 认真倾听音乐,体会歌曲激昂高涨的情绪。 2. 探索乐器与歌曲情节相匹配的方法。 3. 激发热爱劳动、愿意参与劳动的情感。
	家长指导目标	1. 引导宝宝认真倾听音乐的节奏。 2. 和宝宝一起合作配合演奏歌曲,加深亲子感情。
活动准备	大鼓,小鼓,歌曲《加油干》。 歌曲《加油干》	
活动时间	12分钟。	
活动过程	1. 情境导入。 师：我们身边有这么多能干的人们,我们今天用小乐器为这些能干的人们加油鼓劲! 2. 欣赏音乐。 师：这首歌曲的名字叫《加油干》,你听了以后有什么感觉？（浑身充满了干劲） 3. 熟悉节奏。 （1）师：歌曲里唱了什么让你感到很有力量？（吼嘿） （2）教师边打节奏边说歌词,宝宝和家长来说"吼嘿"。熟悉音乐的旋律和节奏。 （3）师：爸爸妈妈和老师一起唱歌,宝宝给我们加油"吼嘿"。 4. 讨论乐器和歌曲匹配。 （1）声音分辨游戏。 师：大鼓小鼓音色不同,我们唱到"吼嘿"的时候要很有力量,使用大鼓试一试。 （2）师：老师唱歌,爸爸妈妈拿着小鼓打节奏,唱到"吼嘿"的时候宝宝敲大鼓。 5. 亲子演奏。 师：愉快的亲子时间到了,请家长唱歌敲小鼓,宝宝在"吼嘿"的时候敲大鼓吧!	
亲子指导	31—36个月的宝宝对乐器演奏已经具备一定的经验,在乐器演奏时,应引导宝宝认真倾听音乐,眼睛看着指挥,有节奏地敲击大鼓。根据情节的需要,鼓励宝宝边敲击大鼓,边大声喊出"吼嘿",体验劳动的力量感。培养宝宝对音乐的感知和理解能力。	

家庭活动延伸	在家里,家长劳动的时候可以请宝宝唱着《加油干》参与简单的劳动,妈妈洗衣服、爸爸炒菜、爷爷浇花……宝宝敲打自制的乐器为家人加油,感受演奏乐器的乐趣。例如:自制敲击乐器可以使用空瓶子、空罐子,排成一排,装上不同高度的水,让宝宝使用筷子进行敲击演奏。

（五）动作发展活动

精细动作活动：拧螺栓		
活动目标	婴幼儿发展目标	1. 学习旋拧动作,锻炼三指捏的技能和小手灵活性、准确性。 2. 在游戏情境中,进行颜色、形状、粗细等的感知与匹配。
	家长指导目标	1. 在旋拧的游戏中,感受旋转和翻动的快乐,满足孩子的好奇心和探索欲望。 2. 在游戏中增进亲子之间的情感交流。
活动准备	螺栓玩具。	
活动时间	12分钟。	
活动过程	1. 教师以标准的姿势取学具。 (1) 教师分三个方位介绍学具名称:拧螺栓。 (2) 教师把学具从操作盘中取出依次摆放。 2. 示范操作。 (1) 教师分三个方位示范三指捏动作。 (2) 右手三指将螺母拧下来,螺栓和螺母上下依次摆放。"两个好朋友要出门。" (3) 用同样的方法将所有螺母拧下来。 (4) 教师分三个方位左手示范三指捏动作。 (5) 左手三指将螺母拧回螺栓。 (6) 用同样的方法示范,将所有螺母拧回螺栓。"两个好朋友要回家了。" 3. 整理学具。 (1) 学具整理后,放回操作盘中。 (2) 师:东西从哪里拿,送到哪里去。 4. 向家长介绍活动目标及家庭活动延伸。 5. 亲子操作,教师巡回指导。	
亲子指导	31—36个月的宝宝喜欢用手指做旋转的动作,家里的门把手、小药瓶都会玩很长时间,他们会转动把手开门,旋开瓶盖取物,家长不要轻易制止而应多陪伴、引导、支持宝宝对生活环境进一步探究,既保护宝宝可贵的好奇心,也促进手部技能发展。为宝宝以后更复杂的手部动作发展奠定基础。	
家庭活动延伸	回到家里后,给宝宝准备一些类似的学具让宝宝继续练习"拧"的动作。游戏过程中如宝宝螺栓拧不下来时,提示宝宝要朝同一个方向拧,直到拧开为止。可以收集各种大小不同的瓶子和盖子,通过观察、比较,引导宝宝寻找与瓶盖一致的瓶身进行配对,在拧紧瓶盖的过程中,满足宝宝拧、转等动作发展的需求。	

（六）再见活动

再 见 活 动	
活动目标	以愉快的方式结束课程,给宝宝留下好印象。
活动准备	歌曲《宝宝再见》,厨师、医生、警察、消防员的胸卡。
活动时间	3分钟。
活动过程	大家一起跳再见舞。(将《宝宝再见》的歌词替换成厨师/医生/警察/消防员)
亲子指导	31—36个月的宝宝愿意与熟悉的小伙伴一起舞蹈,家长要鼓励宝宝参与活动并和小伙伴相约再次见面,让宝宝有一种美好的情绪体验。
家庭活动延伸	在家里,家长要经常播放音乐,以饱满的热情感染宝宝边唱边跳,增进亲子感情。

家园合作（信息推送）

尊敬的家长朋友们,您好!在主题活动"节日篇"中,我们和宝宝一起进行了"劳动光荣"系列游戏活动,通过观察、辨别不同职业的服装或图片标志,了解不同职业的工作不同,萌发理解关心周围人的情感;宝宝在体验动手拧螺栓的游戏中,锻炼了小手三指捏的技能和手指的灵活性、准确性;宝宝和爸爸妈妈一起用洪亮的声音歌唱、打节奏"加油干",在充满力量的氛围中体验劳动的快乐感受。建议回家后可以创设劳动小场景,让宝宝参与其中,锻炼宝宝自我服务能力。

活动随笔

题味活动引领宝贝成长

活动回顾

在今天"劳动光荣"的活动中,精细动作活动是"拧螺栓",活动中有示范拧螺栓的过程,常规介绍是这样的:(1)取学具认知;(2)识学具螺丝玩具(3遍);(3)示范红色(3遍);(4)示范拧螺栓的动作;(5)宝宝尝试;(6)教师逐一观察,给予家长和宝宝适时指导。

为了让这个活动变得更加有趣,我们改为:教师介绍螺母玩具(3遍),螺母玩具上这个长着长长鼻子的是螺栓(3遍),这个长着大大嘴巴的是螺母(3遍),螺母和螺栓是一对好朋友,它们每天都要待在一起。今天天气还不错,螺母说我们想要出去玩。示范三指捏、拧,红色螺母出发了……它们玩累了想要回家了,我们再来帮助它们吧!

活动所思

这样在活动中加入一些宝宝熟悉理解的情景,让操作活动变得更加生动有趣,也更加形象了,符合宝宝的认知特点。活动中,家长陪伴观察,宝宝一边拧螺栓,嘴巴里还念叨着"两个好朋友要出去玩"……

活动结束后,我们对家长朋友给出了建议,在家里也要尝试创设情境性游戏,让宝宝在趣味中坚持完成操作,掌握相应技能。

第六章

全国职业院校技能竞赛· 早期教育亲子活动设计

第一节　早期教育专业保教技能竞赛·亲子活动设计简介

一、竞赛内容简介

全国职业院校早期教育专业学生保教技能竞赛设置三个项目,每个参赛队由 A、B、C 三个选手组成。采用个人累计按团体计分竞赛方式,总分 100 分,设置以下三个子项目:

1. 早教教师职业素养综合测评(30 分);
2. 0—3 岁婴幼儿保育技能考核与测评(40 分);
3. 早教教师综合技能考核(30 分)。

第三个子项目"早教教师综合技能考核"包括亲子活动设计(C 选手竞赛时长 7 分钟)。亲子活动设计包括活动设计分值 15 分,教学活动展示分值 10 分,婴幼儿歌曲与律动 5 分,共计分值 30 分。

二、评分标准制定原则、评分方法、评分细则

附项目 3－1 早期教育亲子活动设计(共 15 分)

评 分 标 准		分值
活动目标	1. 活动目标设计包含家长学习目标和婴幼儿发展目标。 2. 具有全面性,围绕给定的素材与婴幼儿年龄段,难度适当,对整个活动具有导向作用。 3. 陈述简洁明了、主体统一、针对性强、具体可操作,能考虑到各领域间相互渗透。	2分
活动准备	1. 活动材料适宜,卫生且安全。 2. 最大限度地支持和满足婴幼儿学习、探索、操作的需要。	3分
活动过程	1. 过程设计结构严谨,层次清晰,各环节之间过渡自然流畅。 2. 活动组织形式选择适宜,能体现以婴幼儿和家长为主体,为婴幼儿提供感知与操作的机会,安排充分的探索时间。 3. 结合婴幼儿的发展水平,为家长提供专业适宜的指导。 4. 活动开展符合实际需求,详略得当,能灵活应对各种问题。	5分
家庭活动延伸	1. 活动内容可向家庭延伸,具有代表性、易操作。 2. 家庭延伸活动设计清晰明确,能向家长进行示范和讲解。	3分
其他	1. 文字表述逻辑清楚,格式规范完整,无错别字。 2. 活动设计新颖,教学方法巧妙独特,有一定创新和突破。	2分

三、竞赛需要注意的事项

以全国职业院校技能大赛"早期教育亲子活动设计"赛项(高职组)比赛为例,大赛提供早期教育亲子活动设计赛卷 5 套,比赛要求 C 选手在 7 分钟之内根据已设计的教案进行亲子活动环节的模拟教学展示。共计分值 25 分。大赛明确早期教育亲子活动设计基本要求如下。

➢ 根据给定素材与年龄段,设计亲子活动的教案(15—20 分钟)。教案格式完整规范,包含活动目标(家长学习目标和婴幼儿发展目标)、活动准备、活动过程(包含家长指导语)、家庭活动延伸,语言清晰、简洁、明了,目标设计、内容选择、方法运用等满足家长科学育儿的需求,符合婴幼儿的年龄特点。

➢ 根据已设计的教案进行亲子活动环节的模拟教学展示,仪表大方,举止文雅,表情自然、丰富,有亲和力,语言规范,条理清楚,逻辑性强,表达流畅。教学活动展示在 7 分钟之内完成,无教具。

关于如何设计早期教育亲子活动,本书前几章已经进行了详尽的介绍。需要注意的是选手在参加竞赛书写亲子活动设计文案时,要注意写作规范、内容完整、字迹工整。针对"根据已设计的教案进行亲子活动环节的模拟教学展示",这个展示的环节也是考察早教教师基本专业素养,检验适岗综合能力的体现,参赛选手应该注意以下事项。

(一)语言规范、条理清楚、展示具有角色代入感

参赛选手进行亲子活动环节的模拟教学展示时,要求语言规范,条理清楚,普通话发音标准(达到普通话水平测试二级乙等以上水平)。要求逻辑性强,表达流畅,有亲和力。抽取的赛卷不管是否是自己喜爱的还是自己不擅长的类型,都要注意要将设计好的亲子活动每一个环节条理清晰地表达完整,现场展示时也可以做适度的调整和改编。展示时,选手要心中有"宝宝",眼中有"家长",展示不矫揉造作,不刻意表演。尤其是展示家长指导语、家庭活动延伸部分的讲述时,要流畅自然,突出重点,考虑到婴幼儿发展的特殊性,给家长提出具有专业水准的指导性建议,建议要具体、具有操作性。展示出早教教师独特的教学风格和个人魅力,让自己的教学展示具有现场感和角色带入感,给评委留下深刻的印象。

(二)教姿标准、教态得体、展示具有专业规范性

模拟教学展示时要求参赛选手仪表大方,举止文雅,表情自然丰富,富有亲和力。教姿教态的设计应规范标准、适度得体、利落大方,具有早教专业规范性。赛前应该重视选手实操性训练,选手备赛不能纸上谈兵,没有经过实操训练的选手,在展示时容易暴露很多不足,例如,没有和婴幼儿真实互动经历或实操训练过少导致指导过程像表演或表演痕迹过重,不能把设计好的活动教案以真实的活动场景自然地再现,因此要重视参赛选手的实操训练。赛前应多观摩、多实践,让选手达到活动设计与活动展示融合化、一体化。关于选手教姿教态的训练方法,建议可以分解练习,将活动环节展示进行分段练习,熟练掌握规范的站、坐、行、立、短时停留指导等规范手势、眼神、身姿等,再将整个活动设计环节连贯表现。选手应在练习中不断调整,可以对照镜子或请老师对自己的态势语提出建议,也可以录制下来回放自己的展示过程,反复推敲、细致打磨,让展示具有早教专业规范性。

(三)从容自信、亲和自然、展示独特个人风采

比赛时,参赛选手有时会因临场发挥失常等原因,出现在规定时间内模拟教学展示不完或用时过短等现象,暴露选手比赛经验不足。训练时要求选手心中有一定的时间预设性,将自己准备的设计方案根据现场发挥情况巧妙删减或及时结束讲述,在规定时间内确保活动环节展示的完整性。让活动展示既能突出环节设计亮点,又能展现选手自身组织早期教育活动特色和个人专业风采,从容自信,亲和自然。

参赛选手上场或展示结束谢幕时,一定要始终带着自信的微笑,直至退场后保持到台后,一定要避免还没有退场就立刻"收住笑脸"等行为。尽量控制自己因紧张而撇嘴、吐舌、挠头、眨眼甚至结结巴巴等行为或动作而暴露内心的不自信。

除此之外,嗓子是参加比赛重要发音器官。做好嗓音的保护,直接影响展示活动的质量及效果。如果因用嗓过度疲劳导致沙哑,比赛时的效果会大打折扣,影响成绩。因此,参赛选手一定要有保护好嗓子的意识。赛前保持良好的生活饮食、饮水习惯,科学的睡眠习惯,使用适度的声音讲话习惯、科学的发声习惯都是嗓音保护良好的途径。训练疲惫时可以做一做唇、舌训练和口部操练习,保护好自己的嗓音。

参赛选手的着装、鞋子、发型、装饰等问题(佩戴眼镜、手镯、手表等)比赛前一定要检查是否得当，所有细节部分有时也是竞赛的得分点或扣分点，要引起重视，做好充分的准备。细节决定成败，这句话对选手尤为重要！参赛选手一定记得从赛前进入候场室开始，就要关注自己的一举一动、一言一行的每一个细节。因为多年备战经验告诉我们，关注每一个细节，是保持良好备战状态、建立自信最好的准备，一定要重视而不能忽视。

最后，参赛选手在比赛时，如果遇到赛场有一些"突发情况"一定要沉着应对，灵活调整自己的状态，微笑是保持最佳气质最好的武器。只有相信自己的独一无二，相信自己的独具风格，才会把每一场比赛当作是自己的人生舞台，尽情展示魅力、尽情绽放风采，收获属于自己的掌声，为自己加油鼓劲吧！

第二节　全国职业院校技能竞赛·赛卷亲子活动设计

以全国职业院校早期教育专业学生保教技能竞赛(以下简称国赛)为例，公开了赛卷，这对于每一个参赛的选手来说压力和挑战更大。对于来自全国不同的选手，抽讲赛卷中同样的早期教育亲子活动设计的题目，如何设计更具科学性、趣味性、情境性和独创性，是公开题库后大家面临的新的挑战和新的难题。

本章以国赛"早期教育亲子活动设计"赛项赛卷 3 个涉及 2—3 岁年龄段的亲子活动设计方案为例。设计的亲子活动几个特色环节，仅供参考。旨在抛砖引玉，期待更多早教教师能从中汲取设计灵感，碰撞出更多鲜活灵动的火花，燃起对参加各类早期教育亲子活动设计竞赛的热情和信心，激发出更多早期教育亲子活动设计的创作灵感，最终促进早期教育教师专业成长，提升专业综合技能，惠及更多婴幼儿和家庭。

一、以早期教育亲子活动设计赛项赛卷第 02 卷活动设计为例

题目：《交通工具》

月龄段：24—30 个月

附件：

素材 1：交通工具图片

素材 2：儿歌《火车开了》

素材 3：呼啦圈

素材 4：调色盘、颜料、画纸、小汽车模型

火车开了

◇ 题目：02 卷《交通工具》
月龄：24—30 个月

（一）走线活动

模 仿 走 线		
活动目标	婴幼儿发展目标	1. 发展身体控制能力,把控方向感。 2. 稳定情绪,尽快投入活动中。
	家长指导目标	1. 融入游戏情境中,陪同宝宝一起模仿动作走线。 2. 鼓励宝宝一起边开小飞机边走线。
活动准备	轻缓的音乐。	
活动过程	1. 走线介绍。 师：请和老师一起保持安静,听着优美的音乐走在红色线上吧! 2. 情境导入。 (1) 师：小手放在腰间,保持身体平衡。 (2) 师：我们一起开小飞机吧! (3) 师：飞机起飞啦! 飞机降落啦!	
亲子指导	家长和宝宝学一学飞机起飞和降落的样子,感受亲子走线的快乐。	
家庭活动延伸	走线活动可以较好地锻炼宝宝身体控制能力和方向感。在家里,家长可以创设游戏情境,如和家人一起模仿故事中宝宝喜欢的形象,练习沿着家中的地板线走一走。走线可以训练宝宝良好的身姿,也可以在走线活动中增进亲子感情。	

（二）认知活动

轰 隆 轰 隆		
活动目标	婴幼儿发展目标	1. 尝试使用短句介绍自己喜欢的交通工具。 2. 会说常见交通工具名称。
	家长指导目标	1. 鼓励宝宝用短句介绍自己喜欢的交通工具。 2. 当宝宝介绍后给予热烈的掌声。
活动准备	交通工具图片。	
活动过程	1. 认一认。 教师逐一展示交通工具图片,"轰隆轰隆,谁开来了?" 2. 说一说。 (1) 家长引导宝宝说一说自己喜欢的交通工具。 (2) 宝宝："我喜欢×××(交通工具)。"(也可以动作模仿) 3. 学一学。 (1) 师：请宝宝看着图片模仿交通工具的声音。 (2) 师：请宝宝看着图片模仿交通工具的样子。 4. 亲子游戏。 家长和宝宝一起玩亲子游戏"我做你猜"。	
亲子指导	当宝宝完成完整短句困难时,家长引导宝宝说单词,再过渡到短句。	
家庭活动延伸	在生活中,家长创设机会引导宝宝主动向他人介绍,说一说自己喜欢××,培养宝宝的表达能力,促进社会性发展。	

(三) 艺术活动(音乐)

	音乐活动:咔嚓咔嚓	
活动目标	婴幼儿发展目标	1. 感受歌曲节奏,模仿小火车"咔嚓咔嚓"声音。 2. 体验亲子音乐游戏的欢乐氛围。
	家长指导目标	1. 和宝宝一起模仿小火车行驶时的声音。 2. 以积极饱满的热情投入开火车游戏中。
活动准备	呼啦圈,动画课件。	
活动过程	1. 情境导入。 师:一列火车开来了,它边唱歌边过山洞,听—— 2. 欣赏歌曲。 师(手握呼啦圈):我来当火车司机。咔嚓咔嚓,咔嚓咔嚓,火车开来啦! 3. 亲子游戏。 (1) 请宝宝和家长依次排列跟随音乐开火车。 (2) 请宝宝钻山洞。 (3) 家长扮演高低起伏的动感山洞,感受快乐。	
亲子指导	家长参与开火车的游戏,并扮演高低起伏的动感山洞,提高宝宝的游戏兴趣。	
家庭活动延伸	在家里鼓励宝宝和家庭成员一起玩"开火车"游戏,加入"火车开到哪里""火车进站要休息"等情节,增加游戏的趣味性,增进亲子感情。	

(四) 艺术活动(美术)

	美术活动:跳动的轨迹(拓印)	
活动目标	婴幼儿发展目标	1. 自由拓印车轮轨迹,感受运用颜料进行自由创作的奇妙。 2. 激发对自由创作的兴趣。
	家长指导目标	1. 鼓励宝宝尝试用不同的汽车模型的轮子进行拓印活动。 2. 宝宝作品完成,和宝宝一起欣赏作品。
活动准备	自制贴有楼房、游乐场等标志图的作画盒(衬衣纸盒),调色盘,各种颜料,小汽车玩具。	
活动过程	1. 游戏导入。 师(出示作画盒):看,这里是我家,这里是游乐场。嘀嘀,今天小汽车要在这里散步。 2. 示范拓印。 (1) 师:哇,小汽车留下的印迹真好看。(教师示范拓印方法) (2) 师:车轮滚上颜色,让小汽车带你去散步。 (3) 师:换不同的小汽车去散步,你也试试吧! 3. 亲子创作。 师:宝宝和小汽车玩拓印游戏时,爸爸妈妈尽量不干扰! 4. 欣赏讲评。	
亲子指导	家长欣赏宝宝自由拓印,鼓励宝宝用不同的颜色拓印。	
家庭活动延伸	在家中可以利用废旧纸箱等物品制作作画盘,鼓励宝宝继续玩拓印游戏。颜料要选择安全无味的,可以用大一些的盘子调色,注意调色时不要太稀释,以免影响拓印效果。	

二、以早期教育亲子活动设计赛项赛卷第 03 卷活动设计为例

题目:《动物》

月龄段:30—36 个月

附件:
素材 1:丝巾
素材 2:各种动物的玩偶、中号布袋
素材 3:小号纸盘、彩纸、安全剪刀、胶棒
素材 4:儿歌《哈巴狗》、节奏棒

哈 巴 狗

1=C $\frac{4}{4}$
小快板,愉快地

| 1̱ 1 | 1̱ 2 | 3 — | 3̱ 3 | 3̱ 4 | 5 — |

一 只 哈 巴 狗 坐 在 大 门 口
一 只 哈 巴 狗 吃 完 肉 骨 头

| 6̱ 6 | 5̱ 4 | 3 — | 5̱ 5 | 2̱ 3 | 1 — |

眼 睛 黑 黝 黝 想 吃 肉 骨 头
尾 巴 摇 一 摇 向 我 点 点 头

◇ 题目:03 卷《动物》
月龄:30—36 个月

(一) 走线活动

<table>
<tr><td colspan="3" align="center">模 仿 走 线</td></tr>
<tr><td rowspan="2">活动目标</td><td>婴幼儿发展目标</td><td>学着听指令,尝试用身体模仿小动物,体验模仿走线带来的快乐。</td></tr>
<tr><td>家长指导目标</td><td>与宝宝一起模仿动物走线,为宝宝做好示范。</td></tr>
<tr><td>活动准备</td><td colspan="2">轻缓的音乐。</td></tr>
<tr><td>活动过程</td><td colspan="2">1. 教师示范。
师:走线活动时间到了,请家长和宝宝一起在红色线上走一走。
2. 情境导入。
(1) 师:有尾巴的动物朋友来了,我们一起游戏吧!
(2) 师:我们一起扭一扭,扭扭小猪的尾巴。(替换小动物)</td></tr>
<tr><td>亲子指导</td><td colspan="2">家长和宝宝一起模仿动物尾巴扭一扭,给予宝宝鼓励和赞美。</td></tr>
<tr><td>家庭活动延伸</td><td colspan="2">该月龄宝宝能用自己的身体较自如地模仿很多动作。在家里,可以和宝宝继续听指令模仿小动物声音、动作等,体验模仿游戏的快乐。</td></tr>
</table>

(二) 语言活动

<table>
<tr><td colspan="3" align="center">汪汪,你好!</td></tr>
<tr><td rowspan="2">活动目标</td><td>婴幼儿发展目标</td><td>1. 模仿小动物用叫声互相问好。
2. 培养宝宝亲近小动物的情感。</td></tr>
<tr><td>家长指导目标</td><td>1. 积极投入到活动中,主动和小动物问好。
2. 鼓励宝宝发出不同的声音,体验亲子游戏的快乐。</td></tr>
<tr><td>活动准备</td><td colspan="2">各种动物玩偶,中号布袋。</td></tr>
</table>

续 表

活动过程	1. 游戏导入。 师：魔法口袋里藏着谁？让我的小手摸一摸。 2. 亲子游戏"汪汪，你好！" (1) 师：魔法口袋真神奇，还有谁来摸一摸？ (2) 家长：汪汪，你好！ (3) 宝宝：你好！汪汪！
亲子指导	如果宝宝不愿意摸口袋，家长可以示范摸一摸，鼓励宝宝大胆尝试，参与游戏。
家庭活动延伸	生活中可以带宝宝到动物园看一看小动物，培养宝宝对小动物的亲近情感。

（三）认知活动

汪汪，不见了		
活动目标	婴幼儿发展目标	辨认小动物，锻炼记忆力和观察能力。
	家长指导目标	和宝宝一起玩游戏，观察宝宝游戏情况，有针对性地指导。
活动准备	各种小动物玩偶，丝巾。	
活动过程	1. 情境导入。 (1) 师：汪汪要和我们玩捉迷藏。 (2) 师：请你看一看，有哪些小动物？（叫声模仿） 2. 亲子游戏。 (1) 师（盖上丝巾）：汪汪不见了。 (2) 师（拿起丝巾）：汪汪出来啦。 (3) 宝宝和家长互相变一变，猜一猜。	
亲子指导	游戏时，家长引导宝宝先观察小动物，做一做动作，学一学叫声，加深记忆。	
家庭活动延伸	在家里，可以利用宝宝熟悉的小玩具进行游戏，锻炼宝宝的记忆力和观察力。	

（四）艺术活动（音乐）

音乐游戏：汪汪汪和肉骨头		
活动目标	婴幼儿发展目标	欣赏歌曲第一段旋律，感受在节奏中游戏的快乐。
	家长指导目标	扮演肉骨头的时候要投入，配合节奏和宝宝一起感受亲子游戏的快乐。
活动准备	大号肉骨头（布制、加松紧带），纱巾，节奏棒，歌曲音乐。	
活动过程	1. 情境导入。 师（有节奏朗诵歌词）：一只哈巴狗，坐在大门口。眼睛黑瞅瞅，想吃肉骨头。 2. 示范游戏。 师：一句唱完后，听到敲击节奏棒，大家一起"汪汪汪"。 3. 亲子游戏。 (1) 宝宝扮演哈巴狗（屁股上拴好纱巾）。 (2) 家长扮演"肉骨头"（身上套上布骨头），听到歌词"想吃肉骨头"时，立刻平卧躺下。 (3) 宝宝尽情地抓、啃"肉骨头"，家长配合来回翻转，增强游戏的趣味性。 (4) 宝宝扮演"肉骨头"，继续游戏。	
亲子指导	亲子游戏时，家长配合游戏，可以有节奏地发出各种声音，增加游戏趣味性。	
家庭活动延伸	回到家里，和家庭不同成员继续玩"肉骨头"的游戏。	

（五）艺术活动（美术）

<table>
<tr><td colspan="3" align="center">美术活动：汪汪，真好看！（手工）</td></tr>
<tr>
<td rowspan="2">活动目标</td>
<td>婴幼儿发展目标</td>
<td>1. 运用手指力量穿插洞洞，练习穿和拉的动作，锻炼手眼协调能力。
2. 练习粘贴装饰的技能，锻炼小手的灵活性。</td>
</tr>
<tr>
<td>家长指导目标</td>
<td>1. 运用语言适时指导宝宝完成装饰作品。
2. 鼓励宝宝按自己的想法装饰，不替代宝宝的操作活动。</td>
</tr>
<tr>
<td>活动准备</td>
<td colspan="2">哈巴狗（硬卡纸制作的，尾巴处打好洞洞），纱巾，打卡机，彩打纸，胶棒。</td>
</tr>
<tr>
<td>活动过程</td>
<td colspan="2">1. 欣赏作品。
师：瞧！汪汪真好看！
2. 示范方法。
（1）教师取学具，三方位介绍使用纱巾穿尾巴的方法。
（2）师：再为汪汪穿上花衣裳。（家长使用打卡机、彩纸打出好多图案卡，宝宝负责用胶棒装饰汪汪衣服。）
3. 亲子游戏。
（1）宝宝需要家长配合时请给予适度帮助。
（2）家长选择打卡机图案和彩纸颜色时请让宝宝选择。</td>
</tr>
<tr>
<td>亲子指导</td>
<td colspan="2">家长可以用语言指导宝宝，或和宝宝同步完成作品，做好指导、示范。</td>
</tr>
<tr>
<td>家庭活动延伸</td>
<td colspan="2">在家中可以继续和宝宝进行此类活动，家长做各种小动物的模板，宝宝进行装饰，如给不同动物做尾巴、穿上花衣裳。</td>
</tr>
</table>

三、以早期教育亲子活动设计赛项赛卷第 05 卷活动设计为例

题目：05 卷《颜色》

月龄段：30—36 个月

附件：

素材 1：彩色的海洋球

素材 2：各种颜色的水果蔬菜模型

素材 3：童谣《彩色的画笔》

　　小画笔，真神奇，画得世界真美丽。

　　苹果红，草儿绿，

　　茄子穿着小紫衣，香蕉套着黄果皮，

　　蓝天万里晴无雨，白云朵朵最淘气。

素材 4：各种颜色的积木

◇ 题目：05 卷《颜色》

月龄：30—36 个月

（一）走线活动

<table>
<tr><td colspan="3" align="center">托物走线：彩球乖乖</td></tr>
<tr>
<td rowspan="2">活动目标</td>
<td>婴幼儿发展目标</td>
<td>1. 锻炼身体的协调性和身体平衡能力。
2. 保护彩球乖乖不掉落，培养初步的责任感。</td>
</tr>
<tr>
<td>家长指导目标</td>
<td>和宝宝一起做托物走线动作，为宝宝做示范。</td>
</tr>
<tr>
<td>活动准备</td>
<td colspan="2">提前通知宝宝穿不同颜色的上衣，海洋球，小筐子。</td>
</tr>
</table>

续　表

活动过程	1. 走线介绍。 师：今天是托物走线活动，请双手端着小筐子，保护好你的彩球乖乖。 2. 情境导入。 (1) 师：我们的游戏叫"彩球乖乖"。宝宝走得真稳真好！ (2) 师：请大家向中间聚拢，让朋友看看你的彩球乖乖是什么颜色的？ (3) 师：现在请大家带着自己的彩球乖乖回到位置坐下来吧！
亲子指导	走线时，家长引导宝宝双手托物，保护好手中的彩球乖乖，不要掉落。
家庭活动延伸	此月龄段宝宝，身体的协调性和平衡能力正在逐步增强，托物走线能够进一步锻炼宝宝平衡能力。回到家里，家长可以为宝宝准备塑料筐装上宝宝喜欢的玩具，让宝宝继续练习托物走线。

（二）语言活动

童谣：我来唱你来接		
活动目标	婴幼儿发展目标	1. 学着吟唱童谣，感受接唱童谣的快乐。 2. 锻炼宝宝听物取物的反应能力，巩固认识各种蔬果。
	家长指导目标	和宝宝一起接唱歌谣，边念童谣边做动作。
活动准备		童谣课件，轻音乐，水果蔬菜模型。
活动过程		1. 故事导入。 师：有一根神奇的画笔……，看！变出什么了？（欣赏课件） 2. 师：我说"苹果"，你们说"红"。 3. 亲子游戏。 (1) 师：现在和宝宝一起接唱童谣吧！ (2) 师：童谣唱到"苹果"，宝宝从布袋中拿出苹果，并大声说"红"。 (3) 根据宝宝兴趣，加入各种新的蔬果模型，引导创编。 **附童谣：《彩色的画笔》** 小画笔，真神奇，画得世界真美丽。 苹果红，草儿绿， 茄子穿着小紫衣，香蕉套着黄果皮， 蓝天万里晴无雨，白云朵朵最淘气。
亲子指导		宝宝熟悉童谣后，家长可以准备更多品种的蔬果模型，鼓励宝宝和家庭成员一起把童谣加长（创编）。
家庭活动延伸		在生活中可以带宝宝到动物园看一看小动物，培养宝宝对小动物的亲近情感。

（三）动作发展活动

粗大动作活动：彩球乖乖住新房		
活动目标	婴幼儿发展目标	1. 锻炼双手操作物品的能力和手指的灵活性。 2. 发展空间感知能力和搭建物体的能力。 3. 锻炼平衡能力。
	家长指导目标	1. 游戏中主动示范将积木平铺、围合、搭叠技能，便于宝宝观察和模仿。 2. 积极参与搭建游戏，以愉悦的情绪感染宝宝，激发宝宝游戏兴趣。 3. 鼓励宝宝尝试难度不同的小桥运送，提升身体控制能力。
活动准备		彩球乖乖（海洋球上贴五官），各种颜色的筐子，大型红、黄、蓝、绿彩色积木。

活动过程	1. 情境导入。 教师带宝宝观看彩球乖乖："这么多彩球乖乖，我们帮它们盖新房吧！" 2. 示范平铺、围合、搭叠的技能。 3. 亲子游戏。 （1）自由选择一种颜色的积木进行平铺、围合、搭叠。 （2）给彩球乖乖的新房取名字。（红果果的家） （3）宝宝选择高度不同的小桥送彩球乖乖回家（按彩球颜色对应找一样颜色的家）。
亲子指导	此月龄段宝宝可以辨别红黄蓝3种及以上常用颜色；可以进行平铺、围合、叠高的搭建活动。在活动中，家长要鼓励宝宝自由搭建。介绍搭建作品时，可以给宝宝一些建议，并鼓励宝宝自己介绍。送彩球乖乖回家时，尝试不同的小桥，促进平衡能力发展。
家庭活动延伸	建议家长买一些泡沫积木，搭配纸箱、奶罐和硬纸板，搭建高度不一的小桥，发展宝宝的思维、想象能力。

参考文献

1. 国家中长期教育改革和发展规划纲要(2010—2020年)[M].北京：人民出版社,2010.
2. 王静萍.0—3岁婴幼儿早教亲子课程开发研究[M].上海：上海科学普及出版社,2014.
3. 秦旭芳.0~3岁亲子教育活动指导与设计[M].北京：中国人民大学出版社,2017.
4. 陈泽铭.婴幼儿音乐感统训练[M].上海：复旦大学出版社,2016.
5. 周念丽.0~3岁儿童心理发展[M].上海：复旦大学出版社,2017.
6. 冯国强.0—3岁婴幼儿游戏[M].上海：华东师范大学出版社,2017.
7. 张永红,赖莎莉.0—3岁婴幼儿的保育与教育[M].武汉：武汉大学出版社,2015.
8. 唐敏,李国祥.0~3岁婴幼儿动作发展与教育[M].上海：复旦大学出版社,2011.
9. 文姬.婴儿心理与教育(0—3岁)第2版[M].北京：北京师范大学出版社,2015.
10. 张家琼,李丹.0—3岁婴幼儿家庭教育与指导[M].北京：科学出版社,2015.
11. 丁玉.0—3岁亲子活动设计与家长指导[M].上海：复旦大学出版社,2018.
12. 王明晖,刘凌,杨梅.婴幼儿亲子教育活动设计与案例精选[M].上海：复旦大学出版社,2017.
13. 郑琼.0—3岁婴幼儿亲子活动指导与设计[M].福州：福建人民出版社,2013.
14. 叶钟.0~3岁婴幼儿亲子主题活动指导与设计[M].福州：福建人民出版社,2017.
15. 赖新丽.0—3岁婴幼儿亲子活动设计与指导[M].武汉：武汉大学出版社,2016.
16. 肖素芬,丁玲.婴儿艺术教育指导活动设计与组织[M].北京：科学出版社,2015.
17. 唐大章,唐爽.婴儿动作指导活动设计与组织[M].北京：科学出版社,2015.
18. 文颐,石贤磊.婴儿认知指导活动设计与组织[M].北京：科学出版社,2015.
19. 文颐,程敏.婴儿社会性指导活动设计与组织[M].北京：科学出版社,2015.
20. 杨春华,张远丽.婴儿语言指导活动设计与组织[M].北京：科学出版社,2015.
21. 金扣干,文春玉.0—3岁婴幼儿保育[M].上海：复旦大学出版社,2012.
22. 王明晖,左志宏.0—3岁婴幼儿认知发展与教育[M].上海：复旦大学出版社,2011.
23. 李荣萍,闫琦,张雪峰.0~3岁婴幼儿早期发展工作指导手册[M].北京：人民卫生出版社,2010.
24. 柳倩,徐琼.0—3岁儿童健康与保育[M].上海：华东师范大学出版社,2012.
25. 孔宝刚,盘海鹰.0~3岁婴幼儿的保育与教育[M].上海：复旦大学出版社,2015.
26. 程淮.婴幼儿潜能发展的理论探索与实践[M].北京：北京师范大学出版社,2009.
27. 陈红梅.家园互动的亲子教育[M].武汉：湖北人民出版社,2007.
28. 尹坚勤,张元.0—3岁婴幼儿教养手册[M].南京：南京师范大学出版社,2008.
29. 中国优生科学协会.家庭育儿百科大全(0—3岁)[M].北京：中国妇女出版社,2011.
30. [美]伯顿·L.怀特(Burton L. White)著.从出生到3岁——婴幼儿能力发展与早期教育权威指南[M].宋苗译.北京：京华出版社,2007.
31. [美]卡罗尔·格斯特维奇(Carol Gestwicki)著.发展适宜性实践：早期教育课程与发展[M].霍力岩等译.北京：教育科学出版社,2011.
32. [美]琳达·杜威尔-沃森(Linda Douville-Watson)等著.婴儿和学步儿的课程与教学(第5版)

[M].苏贵民,陈晓霞译;诸慧芳校.北京:人民教育出版社,2009.

33. [美]安·列文·贝纳姆(Ann Lewin-Benham)著.早期教育的12种绝佳实践:结合瑞吉欧和其他创新方法构建全新早教体系[M].王倩译.北京:机械工业出版社,2016.

34. [美]Debby Cryer,Thelma Harms,Beth Bourland 著.2—3岁幼儿学习活动指导手册[M].管倚,王荣译.上海:少年儿童出版社,2006.

35. 刘丽云.早教机构中教师对家长指导能力的研究[D].西南大学,2010.

36. 吴伟俊.0—3岁亲子园教育的问题与对策研究[D].华中师范大学,2007.

37. 张晓艳.论2—3岁婴幼儿亲子教育活动的设计[J].赤峰学院学报(自然科学版),2015(15).

38. 汤肖丽.基于家园一体的2~3岁婴幼儿亲子游戏的设计与实施[J].上海教育科研,2013(04).

39. 欧阳新梅.儿童动作发展之三——精细动作的发展[J].启蒙(0—3岁),2007(12).

40. 欧阳新梅.儿童动作发展之二——粗大动作的发展[J].启蒙(0—3岁),2007(11).

图书在版编目(CIP)数据

婴幼儿早期教育活动设计与指导/王丽娜编著. —上海:复旦大学出版社, 2020.5 (2024.6重印)
ISBN 978-7-309-14921-0

Ⅰ.①婴⋯ Ⅱ.①王⋯   Ⅲ.①婴幼儿-早期教育   Ⅳ.①G61

中国版本图书馆 CIP 数据核字(2020)第 036494 号

婴幼儿早期教育活动设计与指导
王丽娜   编著
责任编辑/查   莉

复旦大学出版社有限公司出版发行
上海市国权路 579 号   邮编:200433
网址:fupnet@ fudanpress.com   http://www.fudanpress.com
门市零售:86-21-65102580   团体订购:86-21-65104505
出版部电话:86-21-65642845
杭州日报报业集团盛元印务有限公司

开本 890 毫米×1240 毫米   1/16   印张 10.5   字数 288 千字
2024 年 6 月第 1 版第 6 次印刷

ISBN 978-7-309-14921-0/G · 2086
定价:45.00 元